L'enfant et les écrans

La Collection du CHU Sainte-Justine
pour les parents

L'enfant et les écrans

Sylvie Bourcier

Éditions du
CHU Sainte-Justine

Catalogage avant publication de Bibliothèque et Archives nationales du Québec et Bibliothèque et Archives Canada

Bourcier, Sylvie

L'enfant et les écrans

(Collection du CHU Sainte-Justine pour les parents)
Comprend des réf. bibliogr.

ISBN 978-2-89619-253-3

1. Médias et enfants. 2. Internet et enfants. 3. Télévision et enfants. 4. Médias numériques - Aspect social. I. Titre. II. Collection: Collection du CHU Sainte-Justine pour les parents.

HQ784.M3B682010 302.23083 C2010-942197-3

Illustration de la couverture : Marion Arbona
Conception graphique : Nicole Tétreault

Diffusion-Distribution au Québec : Prologue inc.
en France : CEDIF (diffusion)/Daudin (distribution)
en Belgique et au Luxembourg : SDL Caravelle
en Suisse : Servidis S.A.

Éditions du CHU Sainte-Justine
3175, chemin de la Côte-Sainte-Catherine
Montréal (Québec) H3T 1C5
Téléphone : (514) 345-4671
Télécopieur : (514) 345-4631
www.editions-chu-sainte-justine.org

ISBN 978-2-89619-253-3 (imprimé)
ISBN 978-2-89619-404-9 (pdf)

Dépôt légal : Bibliothèque et Archives nationales du Québec, 2010
Bibliothèque et Archives Canada, 2010

Membre de l'Association nationale des éditeurs de livres

ASSOCIATION NATIONALE DES ÉDITEURS DE LIVRES

À ma fille Émilie qui fut la première
à me sensibiliser aux nouvelles technologies
et qui continue, encore aujourd'hui, à me
faire découvrir cet univers en ébullition.

Remerciements

Plusieurs personnes ont contribué à la réalisation du présent ouvrage :

Joëlle Bourcier, sexologue, pour le chapitre portant sur l'exposition aux images sexuellement explicites ;

Diane Duclos, qui a fait des recherches sur la Toile ;

Marguerite Béchard, par sa disponibilité, sa patience et son souci du travail bien fait ;

Luc Bégin, par sa confiance, son respect et son grand professionnalisme ;

et, enfin, mon merveilleux compagnon Germain Duclos par ses commentaires pertinents, ses encouragements et son amour.

Table des matières

Avant-propos

En dix ans, nous avons vu entrer dans nos vies le iPod®, le iPhone®, le iPad®, les iTunes®, les outils de réseau social comme Facebook et Twitter, l'encyclopédie en ligne Wikipédia, les téléphones intelligents, la baladodiffusion, les blogs, la télévision et les jeux vidéo, les ordinateurs portables à prix modique, etc.

« L'évolution de nos technologies est inévitable, elle est liée à l'insatisfaction de l'homme, à ses désirs, à ses ardeurs. Personne ne peut arrêter cette marche. À lui de veiller à ce que les avantages surpassent les conséquences fâcheuses », nous explique le journaliste J.C. Soumia[1].

En 2010, Nicolas Bérubé[2] ajoute : « Les prévisions technologiques jaunissent plus vite que le papier journal. » Vitesse, liberté d'accès, capacité de stockage sont à la hausse et permettent de véhiculer un maximum d'information. La médiatisation des résultats de recherches scientifiques nous donne accès aux avancées de la médecine et même des sciences comme l'astronomie, la géologie, l'écologie et la génétique. Nous avons accès, même dans nos bibliothèques publiques locales, à des logiciels éducatifs. Les enfants d'aujourd'hui peuvent visiter les musées et les zoos des pays éloignés et se rapprocher de la réalité des populations vivant à l'autre bout de la planète. La vie publique a aussi pénétré nos foyers. Nos enfants sont au fait des actualités nationales et internationales. Ils subissent comme nous l'action convergente des différents médias. Les médias se multiplient et certains thèmes se retrouvent au bulletin de nouvelles à la télévision, en message texte sur Internet ou sur la bande électronique des transports en commun (voir l'encadré *Un drame familial très médiatisé*, en page 16). On constate même la présence d'écrans dans certains restaurants, à la pharmacie, chez des dépanneurs qui possèdent – près de la valideuse Loto-Québec – un écran déroulant des animations publicitaires. Les enfants sont bombardés d'information, mais on peut se demander s'ils ont la maturité nécessaire pour comprendre sans en être imprégnés ou bouleversés. Ils n'ont pas encore développé un esprit critique leur permettant de juger de la véracité ou de l'importance de la nouvelle.

De l'écran passe-temps à l'écran encyclopédie, fenêtre sur le monde, il n'y a qu'un pas. Un pas les sépare également de l'écran dictature... En effet, certains utilisateurs sont assujettis à leurs écrans. Ils « textent » durant un repas en famille ou encore durant une conversation. C'est la frénésie des réseaux sociaux (350 millions d'utilisateurs en décembre 2009)[3]. Tout devient imbriqué : vie familiale, personnelle et professionnelle. Les incessants courriels auxquels on doit répondre sur-le-champ, même durant les vacances, représentent un bon exemple de cet envahissement. Les enfants sont de fins limiers, ils observent ce que font les grandes personnes et s'y intéressent. On ne s'étonne pas de voir des enfants qui jouent à parler au cellulaire, à pitonner du doigt sur celui-ci et qui nous répondent distraitement sans nous regarder lorsqu'on s'adresse à eux. Les médias exercent leur influence: « Les technologies ont changé, les contenus ont changé (potentiel illimité de contenus grâce au câble ou à l'antenne satellite) et nous devrions modifier aussi nos préoccupations », conclut André H. Caron[4].

Dans mon enfance, la télévision était discrète. On ouvrait le téléviseur pour nos rendez-vous familiaux. Le dimanche, c'était le Merveilleux Monde de Disney pour les reportages animaliers, le samedi soir c'était le hockey et il y avait les dessins animés du matin que je regardais avec mon frère. « La réunion familiale autour de la télé ne se déroule plus comme autrefois autour d'un contenu spécifique, c'est davantage un prétexte pour qu'ils relaxent tout en partageant un moment avec leurs enfants[5]. » Caron soulève deux éléments à considérer dans le cadre des changements technologiques que vivent les familles: d'abord, la personne et sa relation avec les médias et ensuite, la dynamique nouvelle entre les parents et les enfants autour des médias.

Le présent livre s'articulera autour des deux pôles suivants: d'abord, l'influence des écrans sur l'enfant, du bébé au préadolescent, et leur effet sur les relations et la famille. Loin de moi l'idée de « démoniser » les écrans ou de culpabiliser les parents qui éprouvent du plaisir à initier et à accompagner leurs enfants dans leur découverte des technologies. J'avoue avoir eu du plaisir avec ma fille devant *Passe-Partout*, en éprouver encore à partager les trouvailles de *Iniminimagimo* avec mes petits-enfants par alliance et être une cinéphile avertie, mais je dois vous confier bien humblement que je suis une novice en matière de nouvelles technologies. Chaque fois que je fais une présentation multimédia, je crains que cet outil me fasse faux bond ou de bousiller mon contenu par mégarde. Toutefois, je crois qu'il est nécessaire de se pencher sur le phénomène, de devenir des parents avisés pour protéger nos enfants des risques potentiels d'un mauvais usage des médias et aussi pour en tirer le plus d'avantages possible. D'ailleurs, les vignettes présentées dans plusieurs chapitres témoignent de l'ascendant des images sur certains enfants. Ceux-ci sont avides de connaissances, désireux d'expérimenter toute nouveauté, mais ils sont également sensibles aux influences, particulièrement quand elles se substituent peu à peu à celle des parents.

Un drame familial très médiatisé

Suite à un drame familial très médiatisé, au cours duquel un père a tué ses enfants avant de tenter de s'enlever la vie, Sébastien, 9 ans, interroge sa maman : « Pourquoi un papa veut-il tuer ses enfants ? » Celle-ci essaie tant bien que mal de lui expliquer. Elle lui dit que ce sont des choses qui arrivent rarement et que cet homme était très malheureux et en colère et qu'il n'a pas su chercher de l'aide. L'enfant semble rassuré. Puis il entend de nouveau la manchette à la télévision et retrouve sur Internet les grands titres qui décrivent cette affaire. Il est bouleversé. Comment une situation si rare se retrouve-t-elle si souvent sous ses yeux dans les différents médias ? Il ne comprend pas que ce père ait été triste et seul, alors qu'à la télévision et sur Internet, les voisins disent qu'ils le percevaient comme souriant, aimable et tranquille. Il est difficile pour l'enfant de concilier toutes ces informations.

Notes

1 Soumia J. C. *Le Monde*, 12 mars 1972.

2 Bérubé, N. *La Presse*, 9 janvier 2010.

3 *Ibid.*

4 Caron, A.H. et D. Meunier. *Famille et télévision : dynamique et processus de médiation.* Montréal : Groupe de recherche sur les jeunes et les médias - Université de Montréal. [Présentation du 25-26 septembre 1995]. Texte sur le web : www.reseau-medias.ca/francais/ressources/documents_de_recherche/fam_tele_dynamique_table.cfm

5 Caron, A.H., *Op. cit.*

Chapitre 1

L'enfant captif de l'écran

Préférences et compréhension des images

Avant même de marcher, le bébé regarde la télévision, blotti dans les bras de sa mère. Il est attiré par cette boîte de lumières et de sons et, dès qu'il sait ramper, il se déplace vers elle. Le petit bouge, s'affaire, explore, joue devant l'écran. Il remarque ce qui s'y passe et peut même imiter son personnage préféré en battant des mains en même temps que lui. On observe ce type d'imitation dès l'âge de 1 an. Les tout-petits accordent plus d'attention aux modèles familiers, aux personnages féminins et aux enfants[1]. Puis vient l'imitation différée, c'est-à-dire la capacité à reproduire un geste sans la présence du modèle, et ce, jusqu'à 24 heures après l'avoir vu. Le petit éprouve du plaisir à « faire comme » les Télétubbies®, par exemple, et il constate peu à peu, pendant sa deuxième année, que ses mimiques font aussi rire son entourage. Il est important que les adultes, en observant les imitations des expressions de joie, de peur ou de tristesse de son personnage favori, y donnent un sens en nommant ce que ressentait le personnage : « Tu fais comme… Il avait eu de la peine parce que… » À défaut de quoi les mimiques deviennent déshumanisées, même si elles sont amusantes.

De 2 à 5 ans, les enfants aiment les émissions dont les personnages sollicitent leur participation en leur posant des questions, ou en les invitant à chanter, à danser et à jouer avec eux. Ils adoptent les émissions aux séquences courtes, au rythme lent, et ils adorent les répétitions, soit de séquences soit de leurs émissions préférées[2]. Une étude a démontré que 70 % des parents d'enfants âgés de 2 à 4 ans disent que leurs enfants aiment la répétition[3]. Ce phénomène est sécurisant pour les petits, car ils peuvent alors anticiper le déroulement de la trame ; mais il diminue peu à peu puisque, vers 8 ou 10 ans, seulement 49 % des enfants veulent encore revoir certains films plusieurs fois. D'ailleurs, les enfants d'âge préscolaire s'intéressent davantage aux images qu'à la trame narrative.

Dès l'âge de 3 ans, les enfants s'identifient à leurs personnages favoris. Ils les choisissent et les imitent. Déjà, à cet âge, certains adoptent des habitudes télévisuelles devant leur émission préférée. Caron[4] qualifie cette période (3-5 ans) de « familiarisation, d'apprivoisement de l'objet téléviseur ». À l'âge scolaire, l'enfant s'intéresse davantage à la trame narrative ; le même auteur parle alors de « période d'exploration significative des contenus ». À l'adolescence, la télévision devient un autre sujet de confrontation, tant pour l'utilisation que pour ce qui est des choix télévisuels. C'est la « période de la négociation des usages ». Ces modèles peuvent même concurrencer les modèles parentaux. Ces jeunes sont attirés par les scènes d'action et par la musique forte qu'on retrouve souvent dans les films de violence ou de suspense.

Reprenons quelques-unes de ces étapes. Vers 4 ans, les enfants sont très captivés par les messages publicitaires dont ils répètent les slogans ou fredonnent les refrains. Jusqu'à près de 8 ans, ils ne savent pas encore distinguer une capsule publicitaire d'une émission.

D'ailleurs, les enfants d'âge préscolaire confondent parfois la réalité et la fiction. Ils perçoivent donc le contenu d'une émission de télévision ou d'un jeu vidéo comme la réalité, ce qui les rend vulnérables et craintifs. Ils peuvent avoir peur des personnages ou des situations imaginaires.

Certains enfants de 5 ans reconnaissent le logo de certaines marques de produits avant même de savoir lire (par exemple le M de McDonald®, le tigre des céréales Frosted Flakes®) et veulent participer aux achats avec leurs parents. « Leur pouvoir d'influence, selon la revue *Protégez-vous*, a été estimé à près de 500 milliards de dollars aux États-Unis en 2003[5]. »

Jusqu'à 7 ans, ils sont captivés par la vie des héros qu'ils trouvent sympathiques, indépendants et puissants. Ils aiment les histoires qui finissent bien, quand le héros prend le dessus sur les méchants. Ils connaissent maintenant très bien l'horaire de la télévision, le fonctionnement pour accéder aux différentes fonctions (chaîne spécialisée, jeux, lecteur DVD). Ils craignent moins les monstres et davantage les personnages menaçants qui risquent d'atteindre leur sécurité.

Vers 7 ou 8 ans, l'enfant s'intéresse aux émissions qui traitent de la réalité : les actualités, la nature, le sport, les animaux, les téléromans portant sur la famille. À la fin du primaire, il prête attention à des contenus qui portent sur des vedettes, sur l'adolescence et il aime les jeux et les vidéoclips. Il s'attarde à comprendre comment sont réalisés les effets spéciaux, il se montre de plus en plus critique. Le phénomène de l'imitation du héros s'estompe et on voit émerger un sentiment de compassion envers les personnes qui subissent des injustices. Assoiffé d'images, l'enfant se retrouve parfois face à des réalités bouleversantes de l'actualité. Ses inquiétudes ne se situent plus dans l'imaginaire, mais bien dans la réalité qu'il a affrontée à l'écran (drogue, cancer, accident, guerre, cambriolage, meurtre). « Les filles vont s'intéresser aux personnages des deux sexes, alors que les garçons retiennent les personnages masculins », rappelle Chantal Bay [6].

Les enfants d'âge scolaire utilisent l'Internet pour obtenir de l'information et pour clavarder. Ils se regroupent autour de jeux vidéo ou pour visionner un film. L'industrie des jeux vidéo propose de plus en plus de systèmes prévoyant la participation de plusieurs joueurs. Les jeunes baignent dans cet univers d'images attrayantes, sans frontières. Le mouvement des images les captive et ils s'intéressent beaucoup aux relations sociales dépeintes dans ce monde virtuel.

L'avantage des jeux, c'est qu'on doit les louer ou les acheter ; ils ne deviennent donc accessibles qu'après un choix. Les parents peuvent aussi orienter les demandes de l'enfant. Certains jeux en réseau sont accessibles sur Internet. Les garçons consomment plus de jeux vidéo que les filles, particulièrement ceux des catégories « aventure et sports ». Le réseau « éducation-médias »[7] rapporte que, chez Nintendo®, les garçons de 8 à 15 ans sont particulièrement ciblés, alors que chez Sega®, les filles occupent 30 % du marché.

Plusieurs écoles primaires fournissent déjà aux enfants l'accès à l'Internet. Pour les enfants, voyager sur l'autoroute électronique est une aventure sans fin ; sites, babillards électroniques, groupes de discussion sont à la portée des découvreurs. On y retrouve des fenêtres sur les musées, sur le monde animal, sur les divers pays, mais aussi sur la pornographie ou la pédophilie. Les enfants d'âge scolaire ne s'en méfient pas, car ils sont enthousiasmés par le monde cybernétique. Leur intérêt grandissant pour les relations humaines et leur méconnaissance des dangers les rendent susceptibles d'être floués, voire agressés.

Usage excessif

Au Québec, les enfants de 2 à 11 ans consacrent chaque semaine 20 heures à la télévision. Les jeunes Américains en consomment 28 heures par semaine, et ce, malgré le fait que le taux de pénétration du câble est inférieur au nôtre. Ces chiffres dépassent largement le niveau d'écoute des Européens. En effet, en Grande-Bretagne, les 5 à 11 ans passent 14 heures par semaine devant la télévision, les Français de 7 à 12 ans près de 16 heures, et les Allemands, près de 10 heures[8]. Les enfants de 2 à

6 ans écoutaient quatre fois plus de contenus visionnés au magnétoscope en 1995 qu'en 1990. Quant aux enfants âgés de 7 à 11 ans, leur écoute au magnétoscope a doublé pendant la même période[9].

Une étude faite par l'Université de Temple, aux États-Unis, auprès de 2279 enfants de 7 à 11 ans, a démontré que 50 % des enfants peuvent écouter des émissions de télé quand ils le veulent et 30 %, ce qu'ils veulent[10]. Qu'en est-il du temps consacré aux jeux vidéo, aux films et à l'ordinateur (Internet et clavardage) ? La Fondation Kayser, qui s'intéresse à l'influence des médias, a évalué que les enfants américains alloueraient entre 35 et 40 heures par semaine à leurs écrans[11]. Il est plus facile de comprendre un tel niveau d'exposition quand on sait qu'en 1998, 17 millions d'enfants de 2 à 18 ans étaient branchés à l'Internet[12]. Un sondage réalisé en 2001 par Réseau Éducation-Médias et Industrie Canada a révélé que 99 % des jeunes Canadiens utilisent Internet, la plupart à la maison (79 %)[13]. De plus, l'industrie des jeux vidéo a connu une grande croissance, la multinationale Nintendo® ayant vendu à elle seule plus de trois milliards de jeux vidéo depuis 1983[14]. Selon Walsh[15], 90 % des enfants jouent sans surveillance à ces jeux. À un tel rythme d'écoute télévisuelle, d'activités vidéo et de consultations sur Internet, certains enfants, quand ils seront adultes, auront passé plus de temps devant les écrans qu'à l'école, et ce, sans que les parents soient nécessairement au fait de cette réalité, d'autant plus que nombre d'entre eux ont un téléviseur ou un ordinateur dans leur chambre.

Certains éléments peuvent nous aider à repérer un usage excessif. Le téléviseur est-il allumé en permanence? Les enfants, même les plus jeunes, sont sensibles à ce qu'ils voient ou entendent. Ils s'imprègnent du langage télévisuel. Les heures de repas ou du coucher sont-elles modifiées en fonction d'une émission ou encore du désir de poursuivre les étapes d'un jeu vidéo ? L'écran s'est-il substitué à d'autres activités? L'apprentissage actif et diversifié procure à l'enfant la stimulation nécessaire à son développement. L'écran éclipse-t-il les amitiés? Ou sert-il de nounou pour les plus petits? Répondre par l'affirmative à l'une de ces questions, c'est prendre conscience du fait qu'un intrus s'est invité dans la famille. L'écran est devenu un parent. Comme le dit si bien Gilles Vigneault, « le cercle familial est devenu un demi-cercle ».

Depuis quelques années, la pédiatrie s'intéresse aux effets de la télévision, des jeux vidéo, de l'Internet et de la publicité sur la santé physique et psychologique de l'enfant. Les Sociétés canadienne et américaine de pédiatrie, ainsi que la Direction de la santé en France, ont émis des recommandations claires pour une bonne utilisation de l'écran. La principale concerne les limites de temps que devraient imposer les parents à leurs jeunes enfants.

En France, la Direction générale de la santé déconseille l'usage de la télévision chez les petits de moins de 3 ans en stipulant qu'avant cet âge l'enfant doit participer activement à la découverte et que les bases du développement reposent avant tout sur la relation d'attachement[16].

L'American Academy of Pediatrics recommande de limiter l'écoute télévisuelle à une ou deux heures par jour pour les enfants de 2 ans et plus, et conseille aux parents de petits de moins de 2 ans de ne pas les placer devant l'écran. Il semble que la moyenne québécoise soit en dessous des recommandations de l'Académie. Mais 15 % des petits de 2 ½ ans écoutent plus de 14 heures de télé par semaine et la proportion de surconsommation passe à 50 % à l'âge de 4 ½ ans[17]. Quant à la Société canadienne de pédiatrie, elle suggère elle aussi de limiter l'usage de la télévision et des jeux vidéo à une ou deux heures par jour, sans toutefois statuer en ce qui concerne les bébés. On reconnaît les influences positives et potentiellement négatives des médias sur le développement psychosocial de l'enfant et sur sa santé en s'appuyant sur de nombreuses études portant sur les habitudes alimentaires, l'obésité, l'apprentissage, la vulnérabilité à la violence, les attitudes devant la sexualité, l'alcoolisme et le développement global. Tous s'entendent sur l'importance de la supervision parentale, tant pour le contrôle du temps alloué à l'écran que pour l'exercice du choix des émissions, des activités, des vidéos ou des sites à consulter. On sait que la capacité de concentration d'un enfant se résume en moyenne à cinq minutes par tranche d'âge (1 an : 5 minutes ; 2 ans : 10 minutes, etc.), et ce, jusqu'à l'âge de 10 ans. Par conséquent, il vaut mieux que les séquences d'écoute soient courtes. On conseille donc de 30 minutes à 1 heure par jour pour les petits, avec plusieurs arrêts. Quant aux enfants de 3 ou 4 ans, il semble raisonnable de leur faire écouter à l'occasion une cassette entière ou un DVD. Les enfants d'âge scolaire doivent aussi restreindre le temps passé devant l'écran, particulièrement durant la période scolaire, pour ne pas amputer le temps qu'ils doivent consacrer à la lecture et aux devoirs. La même réserve s'applique à la messagerie instantanée ou au courriel, car cela peut distraire l'enfant des apprentissages scolaires.

Notes

1 Clerget, S. *Ils n'ont d'yeux que pour elle: les enfants et la télé.* Paris: Fayard, 2002.

2 Alliance pour l'enfant et la télévision. *Chère Télé ... ou comment regarder la télévision en famille.* Ottawa: Santé Canada, 1995. Texte sur le web: www.media-awareness.ca/francais/ressources/parents_ressources/trousse_chere_tele.cfm

3 « Maman, je veux revoir mon film », *La Presse*, 11 septembre 2003.

4 Caron, A.H. et D. Meunier. *Famille et télévision: dynamique et processus de médiation.* Montréal: Groupe de recherche sur les jeunes et les médias - Université de Montréal. [Présentation du 25-26 septembre 1995]. Texte sur le web: www.reseau-medias.ca/francais/ressources/documents_de_recherche/fam_tele_dynamique_table.cfm

5 Office de la protection du consommateur. *Vos enfants et la pub.* Montréal: Office de la protection du consommateur, 2008. Texte sur le web: www.opc.gouv.qc.ca/webforms/SujetsConsommation/FinancesAssurances/PubliciteTrompeusePratiques/EnfantsPub.aspx

6 Bay, C. « S.O.S. garçons », *La Presse*, 3 mai 2003.

7 Alliance pour l'enfant et la télévision, *Op. cit.*

8 Blind, R. et M. Pool. *Les dangers de l'écran: enfants, famille, société et violence.* Genève: Éditions Jouvence, 2002.

9 Caron, A.H., *Op cit.*

10 Blind, R., *Op cit.*

11 Brodeur, J. *Les jeux vidéo ont des effets néfastes sur les jeunes.* Texte sur le web: http://sisyphe.org/sisypheinfo/article.php3?id_article=106.

12 MURPHY, T. *L'enfant en colère.* Montréal Éditions de l'Homme, 2002.

13 www.mediaawareness.ca/eng/webaware/netsurvey/students

14 « Jouer ! Être branché… ou ne pas l'être ? », *Revue RND* Mars-avril 2010 n° 2.

15 PAHLAVAN, F. *Les conduites agressives.* Paris : A. Colin, 2002.

16 La santé de l'homme 400/mars-avril 2009/dossier Petite enfance et promotion de la santé. www.inpessante.fr.

17 PERREAULT, M. *Cyberpresse,* publié le 3 mai 2010.

CHAPITRE 2

Un mauvais scénario pour la santé

La sédentarité au banc des accusés

On reconnaît que l'écran peut avoir une influence sur la surcharge pondérale, l'insomnie, le développement psychomoteur des petits et le développement postural. Une étude américaine[1] démontre qu'il existe un lien entre le temps passé devant le petit écran chez les enfants de 3 à 8 ans et leur niveau élevé de tension artérielle. Dans un communiqué de l'Hôpital de Montréal pour enfants, le docteur Chalut affirme recevoir à l'urgence de jeunes adeptes de jeux vidéo qui se plaignent de douleurs au bras ou qui souffrent de tendinites ou du syndrome du canal carpien[2].

Dans la société nord-américaine, la forme physique décline à partir de 5 ans[3]. Le Bulletin 2010 de l'organisme Jeunes en forme Canada estime que moins de la moitié des enfants âgés de moins 5 ans font régulièrement de l'activité physique[4]. Seulement « 13 % des enfants et des adolescents font les 90 minutes d'exercice recommandées par le Guide d'activité physique canadien[5] ». Statistiques Canada fait état d'une proportion d'enfants et d'adolescents souffrant d'embonpoint, soit une hausse de 10 % par rapport aux données de 1978-1979[6]. En France, on estime qu'il y a une proportion de 20,4 % d'enfants de 7 ans en surpoids[7].

La probabilité d'afficher une surcharge pondérale a tendance à augmenter proportionnellement aux heures passées devant l'écran. « Selon une étude de Statistiques Canada, les enfants âgés de 6 à 11 ans qui passent plus de deux heures par jour devant l'écran de télévision ou les jeux vidéo seraient deux fois plus sujets à faire de l'embonpoint ou à souffrir d'obésité[8]. » Affalé devant le canapé ou vissé à sa chaise devant l'ordinateur, l'enfant manque d'air, d'activités sollicitant ses grands muscles, et il finit par souffrir de carences en forces musculaires, en souplesse, en coordination, en plus de s'essouffler au moindre déplacement. L'Académie canadienne de médecine du sport suggère d'accroître la part d'activité physique en « réduisant de 30 minutes par jour le temps d'écran (télé, ordinateur, jeux vidéo)[9] ». Elle souligne l'importance d'inclure le plaisir dans cette transition en proposant à l'enfant des jeux ou des activités qui l'intéressent.

Des experts (psychomotriciens, neurologues, psychiatres) expriment leur inquiétude quant à l'inactivité suscitée par une écoute précoce de la télévision[10]. Les petits de moins de 2 ans voient leur développement psychomoteur mis en veilleuse s'ils n'ont pas de multiples occasions d'explorer activement l'univers qui s'offre à eux en mobilisant leurs sens et leurs muscles. Cette période sensorimotrice nécessite une stimulation interactive avec leurs parents, une participation dans l'action avec l'enfant. La télévision ne peut se substituer à cet apport relationnel.

Habitudes alimentaires

Il n'y a pas que la sédentarité qui siège au banc des accusés. L'Association pour la santé publique du Québec soutient que « la publicité et les médias contribuent au phénomène de l'obésité et de l'embonpoint particulièrement chez les enfants, ceux-ci ne possédant pas le sens critique et l'information requise pour détecter les messages publicitaires frauduleux[11] ». La consommation excessive d'aliments sucrés ou gras contribue aussi à détériorer la forme physique des téléphages. La Société canadienne de pédiatrie s'inquiète du fait que 60 % des messages publicitaires font la promotion d'aliments sucrés ou riches en matières grasses[12]. Les grands consommateurs de télévision sont aussi de grands consommateurs de boissons gazeuses sucrées et mangent moins de fruits et de légumes que la moyenne[13]. De plus, ces mauvaises habitudes alimentaires persistent pendant des années. Une étude québécoise va dans le même sens, en constatant une augmentation de 9 % de la consommation de boissons gazeuses sucrées chez les enfants qui écoutent la télévision en bas âge[14].

Si on considère que l'enfant moyen voit plus de 20 000 publicités par année et que ceux de moins de 8 ans ne distinguent pas l'émission de la publicité, on comprend alors l'influence potentielle de la télévision sur leur alimentation. Jean-Philippe Laperrière, chercheur en sociologie de l'UQAM, s'est intéressé à la question de l'alimentation dans les messages publicitaires. « Les chaînes spécialisées pour enfants diffusent deux fois plus de publicités avec des personnages ou des dessins animés représentant une marque (bonhomme Pillsbury®, Ronald McDonald®, l'abeille Cheerios®, le tigre Tony des Frosted Flakes®). Une publicité sur deux met en scène des enfants… bref, tous les ingrédients " enfants " sont présents[15]. » Le chercheur a constaté que les chaînes francophones diffusaient beaucoup moins de messages publicitaires de malbouffe que les chaînes jeunesse anglophones. Cette différence s'explique si l'on tient compte de l'existence d'une loi québécoise interdisant la pub s'adressant directement au moins de 13 ans. Stéphanie Bérubé, journaliste de *La Presse*, s'est intéressée à la publicité destinée aux enfants sur Internet[16]. Elle a constaté que certaines compagnies d'alimentation ont une adresse Internet qui est parfois indiquée sur l'emballage de leurs produits. Il existe donc des sites interactifs où l'enfant peut créer son personnage, par exemple.

Le web est une autoroute où circulent petits et grands, mais il n'est toujours pas assujetti par une loi pouvant restreindre les messages adressés directement aux enfants. Ceux-ci sont maintenant des cibles marketing de choix, puisqu'ils sont très suggestibles. Il faut donc que les parents résistent à ces pressions de consommation faites par leur progéniture. C'est leur mission éducative. La télévision ou l'ordinateur ne sont pas des distributrices de nourriture.

Si les enfants mangent mal, c'est qu'il y a à la maison de mauvais choix alimentaires. D'ailleurs, lorsqu'on refuse d'acheter de la malbouffe, on explique les raisons qui motivent notre décision et on éduque ainsi l'enfant.

Toutefois, on peut espérer que les campagnes de sensibilisation aux saines habitudes de vie (défi 5/30 par exemple) s'étendront et permettront d'augmenter la maigre proportion de 4 % d'aliments sains, observée durant les heures d'écoute des enfants[17].

Effets possibles sur le sommeil

Un autre élément se greffe à ce mauvais scénario pour la santé : les effets possibles sur le sommeil. L'enfant captivé par son jeu, son émission, sa navigation ou son clavardage tarde à se coucher. On observe alors un déficit dans la quantité d'heures nécessaires à son développement. De plus, le manque de sommeil peut aussi nuire aux mécanismes de digestion et d'assimilation des graisses[18]. Même l'enfant de 5 ans a besoin de 10 à 12 heures de sommeil[19].

L'incapacité du petit d'âge préscolaire à distinguer la fiction de la réalité peut générer des peurs dont il parle peu. Il croit à la réalité de la menace des monstres, des fantômes, des sorcières et autres créatures imaginaires. L'enfant qui se couche la tête pleine de fusils et de poursuites mortelles est habité par des émotions intenses et peut y réagir par des cauchemars. Le cours de son sommeil paradoxal peut en être altéré.

Deux enfants sur trois rêvent de ce qu'ils ont vu à la télé et une fois sur quatre sous forme de cauchemars, fait remarquer Clerget[20]. Les moins de 7 ans sont effrayés par les monstres et les animaux tandis que les enfants d'âge scolaire sont davantage perturbés par des événements réels. On observe davantage de difficulté à s'endormir et de cauchemars chez les adolescents de 13 ans qui visionnent trois heures de télé par jour[21]. Une carence en sommeil perturbe les activités quotidiennes. La fatigue, l'irritabilité, le manque de concentration et des résultats scolaires en chute peuvent être le résultat d'un manque fréquent de sommeil. C'est aux parents d'exercer leur autorité quant aux heures de sommeil. Leur choix sensible et éclairé ainsi que leur présence rassurante favorisent une écoute détendue, agréable et souvent même informative.

Antoine inquiète les éducatrices de la pouponnière. Les câlins, les douces mélodies, les bras chaleureux, les bercements, rien n'y fait, elles ne réussissent pas à endormir le bébé dans son petit lit. Pourtant, il gambade gaiement toute la matinée, il explore et s'active. Après le repas, il montre clairement des signes d'endormissement, mais il ne parvient pas à s'apaiser. L'après-midi, il pleure, épuisé et tendu. En discutant avec les parents d'Antoine, les éducatrices finissent par découvrir le fond de l'histoire. À la maison, ils laissent Antoine s'endormir sur une petite chaise devant la télévision. Ce n'est que lorsqu'il s'est assoupi qu'ils le couchent dans son lit.

La console Wii® au service de l'activité physique

La passivité et la mauvaise influence de l'écran sur les habitudes alimentaires ne s'appliquent pas à certains types de jeux qui requièrent des mouvements semblables à ceux que le joueur exécuterait dans la réalité. Ainsi, le jeu DDR (Dance Dance Revolution®) aide à se tenir en forme par la danse ; les pas sont exécutés sur un tapis sensible à la vitesse d'exécution, celle-ci variant selon la difficulté. La console Wii® permet de faire de l'exercice de façon très ludique, seul ou avec d'autres joueurs. Elle prend en considération la taille et le poids du joueur, enregistre les périodes d'activité physique de chaque utilisateur et l'encourage à l'assiduité. Ses réponses permettent au joueur d'ajuster sa posture et son mouvement. Le joueur peut donc suivre ses progrès en yoga, en tennis et dans diverses activités cardiovasculaires. D'ailleurs, certains centres de rééducation l'utilisent : par exemple, l'Hôpital des Aînés de Chicago s'en sert pour faire pratiquer certains mouvements, l'aspect ludique stimulant les patients touchés à la moelle épinière[22]. Le seul danger réside dans l'excès qui peut entraîner des blessures, comme tout autre sport fait sans supervision. Bouger, c'est bien, mais bouger en s'oxygénant en plein air, c'est encore mieux !

Notes

1 MARTINEZ-GOMEZ D. et al. « Associations between sedentary behavior and blood pressure in young children ». *Archives of Pediatrics and Adolescent Medicine* 2009 163 (8) : 724-730.

2 HÔPITAL DE MONTRÉAL POUR ENFANTS (HME). *Les jeux vidéo, du plaisir à maîtriser.* Texte sur le web : www.thechildren.com/fr/nouvelles/nouvelles.aspx?id=130

3 FÉDÉRATION CANADIENNE DES SERVICES DE GARDE À L'ENFANCE. Feuille-ressource #39, mise en ligne le 13 février 2008.

4 *Naître et Grandir,* 27 avril 2010.

5 L'ASSOCIATION CANADIENNE DE PHYSIOTHÉRAPIE. Communiqué mis en ligne le 8 septembre 2009.

6 *Journal de Montréal*, 24 décembre 2008.

7 CLERGET, S. *Ils n'ont d'yeux que pour elle : les enfants et la télé.* Paris : Fayard, 2002.

8 HÔPITAL DE MONTRÉAL POUR ENFANTS (HME), *Op. cit.*

9 ACADÉMIE CANADIENNE DE MÉDECINE DU SPORT. *L'inactivité physique chez les enfants et les adolescents – Énoncé de position.* Avril 2004. Texte sur le web : www.casm-acms.org/forms/statements/french_inactivity_position.pdf

10 COLLECTIF INTERASSOCIATIF ENFANCE ET MÉDIA. Impact de la télévision sur la santé et le développement psychomoteur de tout-petits. Site Unaf, le 26 mai 2008.

11 ALVAREZ, F., E. LEVY et M. ROY. *Pédiatrie et obésité : un conflit entre nature et culture.* Montréal : Éditions du CHU Sainte-Justine, 2010.

12 SOCIÉTÉ CANADIENNE DE PÉDIATRIE. « Les répercussions de l'usage des médias sur les enfants et les adolescents ». *Paediatric Child Health 2003* 8 (5) : 311-317. Texte sur le web : www.ncbi.nlm.nih.gov/pmc/articles/PMC2792693/

13 BÉRUBÉ.S. « L'Internet nouveau champ de bataille » *La Presse,* 1er mars 2009.

14 PERREAULT, M. « La télévision plus néfaste que prévu. » *Cyberpresse,* 3 mai 2010.

15 GALIPEAU, S. « Ces pubs qui ciblent les enfants. » *La Presse,* 11 septembre 2009.

16 BÉRUBÉ, S., *Op. cit.*

17 SOCIÉTÉ CANADIENNE DE PÉDIATRIE, données 1985.

18 Cité dans *Psychologies*, janvier 2007, « Trop de télé nuit gravement aux enfants. » p. 53.

19 Diorio, G., G. Fortin et al. *Croissance et développement, indices d'abus et de négligence chez l'enfant de la naissance à cinq ans.* Montréal : Hôpital Sainte-Justine, 1999.

20 Clerget, S., *Op. cit.*

21 *Psychologies*, *Op. cit.*

22 Desbrosses, S. *Wii Thérapie, rééducation ludique.* www.psychoweb.fr/news/reflexions-d-actus/363-wii-therapie-reeducation-ludique.html.

Chapitre 3

Influences psychologiques : la dépendance

Dépendance télévisuelle

Il y a 30 ans, les parents éprouvaient déjà des difficultés à éteindre le téléviseur. Les téléspectateurs d'hier et ceux d'aujourd'hui ressentent tous l'effet relaxant du petit écran. Dans plusieurs familles, écouter la télé le soir est un privilège réservé aux grands. De plus, une hiérarchie sociale s'installe au sein de la fratrie, l'âge déterminant l'heure de la fin des émissions. D'ailleurs, selon André H. Caron, « la présence de frères et de sœurs modifie les habitudes d'écoute des enfants. Ceux qui ont des frères et des sœurs plus vieux écoutent les animations et les comédies de situation avec leurs aînés, et d'un autre côté les enfants qui ont des frères et des sœurs plus jeunes continuent à regarder plus longtemps des émissions pour enfants[1]. » La première catégorie d'enfants risque donc de voir se prolonger ses heures d'écoute jusqu'à 21 heures puisque les émissions favorites sont diffusées à ces heures de grande écoute. Ce qui a changé, c'est la multiplication des canaux[2] et l'utilisation largement répandue du magnétoscope. Par ailleurs, la plupart des foyers possèdent plus d'un téléviseur, certains étant placés dans la chambre des enfants. De plus, il est démontré que peu de parents connaissent les émissions que leurs enfants regardent[3] ; nous sommes donc devant une situation où l'écoute excessive devient un danger potentiel.

Clerget[4] définit la dépendance; il s'agit d'une « consommation abusive d'un produit ayant un effet sur le psychisme portant atteinte à la santé physique ou mentale, incluant des conséquences psychoaffectives, comportementales, sociales, économiques, professionnelles ou scolaires ». L'auteur soutient avoir observé ce type de dépendance télévisuelle chez certains adolescents qui se sont coupés de leur réseau social, n'affichent aucune passion (sport, loisirs, musique, cinéma) et se désintéressent de leur réalité scolaire et familiale. Ils se réfugient dans le monde virtuel de la télé pour oublier leur propre réalité. L'usage excessif de la télévision (3 heures/jour, selon Clerget) n'est que le symptôme d'un mal-être.

Il serait plus réaliste de parler d'effet d'accoutumance. Selon Clerget, « on peut parler d'accoutumance quand il existe un besoin très fort de réitérer ou de prolonger l'usage. À la longue, une forme de tolérance s'installe qui entraîne une augmentation du temps de consommation aux dépens d'autres activités jusqu'alors préservées[5]. » Certains enfants sont plus vulnérables à cette accoutumance : ce sont ceux qui hésitent et craignent d'entrer en relation avec les autres, qui vivent dans une famille où les échanges sont rares et où le visionnement d'un film ou d'une émission ne suscite pas de discussions et ceux qui vivent beaucoup de stress. L'écoute des dessins animés chez l'enfant d'âge préscolaire lui permet de se détendre. Il retourne à un mode de pensée où l'imaginaire dominait. L'intérêt des parents pour la télévision est aussi un facteur d'influence sur l'accoutumance. Les enfants de téléphages consomment aussi beaucoup de télévision. Ils voient l'importance que leurs parents lui accordent et même le respect dont elle est l'objet, le silence étant la règle lors de l'écoute. L'enfant en vient à s'enfermer dans des rituels d'écoute, il devient fidèle à certaines émissions ou encore prisonnier des choix de ses parents qui exigent de lui l'immobilité.

Plutôt que de s'installer longuement devant le petit écran, la plupart des enfants préfèrent s'adonner à leurs activités préférées, surtout si leurs parents y participent. Cependant, il faut aussi reconnaître la dépendance de la télévision de certains parents qui l'utilisent pour s'accorder une accalmie lorsqu'ils sont exaspérés par l'enfant qui dérange ou simplement fatigués par une journée exténuante. Le docteur Gilles Julien dénonce le « parcage » devant la télé : « Installer un enfant devant le petit écran des heures durant est peut-être la pire des solutions à utiliser avec un enfant qui dérange et qui empêche les parents de faire ce qu'ils ont à faire. De cette façon, on brime son développement normal. Il vaut mieux lui trouver une garderie, un parc où il pourra jouer avec d'autres enfants[6]. » La dépendance de l'adulte à « l'outil télévisuel calmant » a un effet sur l'accoutumance de l'enfant. Il associe la télé au bien-être de ses parents, y voit une magie, ressent l'effet relaxant immédiat sans savoir que cet effet disparaît aussitôt le petit écran éteint. Quant aux parents, ils ont peut-être momentanément la tranquillité, mais ils se retrouvent avec un enfant qui n'a pu dépenser ses énergies motrices.

Accros aux jeux vidéo

Les jeux vidéo plaisent. Cette industrie florissante du divertissement ne cesse de nous surprendre par le réalisme du graphisme ou son raffinement. L'enfant y devient un acteur, un aventurier captivé par ses propres exploits. La flexibilité du jeu permet à l'utilisateur de vivre des succès, d'abord faciles, puis plus difficiles à mesure que le jeu se complexifie. L'enfant acquiert de la confiance en lui puisqu'il maîtrise le niveau de son jeu. L'interactivité contribue à améliorer la coordination, la rapidité d'exécution, la mémoire, la capacité à résoudre des problèmes en variant les stratégies pour atteindre un but. S'ils sont joués en groupe, les jeux vidéo permettent aussi d'exercer la collaboration. Ils peuvent donc devenir facilement enivrants.

De plus, il semblerait qu'une séance de jeux vidéo libère de la dopamine dans le cerveau, un neurotransmetteur associé entre autres aux sensations de plaisir[7]. En 2009, on a mis en ligne les résultats d'une étude suscitant de nombreuses controverses. Selon Douglas Gentile, 8,5 % des enfants et des adolescents américains qui jouent à des jeux vidéo sont dépendants[8]. Contrairement à d'autres formes de dépendance, les jeux ne sont pas une forme de dépendance dont l'issue peut être fatale. C'est l'utilisation excessive qui nuit aux autres zones d'activité et qui représente un problème. La controverse autour de ces résultats concerne principalement la méthodologie de recherche utilisée (sondage en ligne, questionnaire adapté du DSM IV et non validé).

Les jeux vidéo représentent un avantage par rapport à la télévision puisque ce sont les parents qui les achètent ou qui les louent. Ces derniers doivent sélectionner le jeu qui répond aux intérêts et au niveau de développement de leur enfant. Les nostalgiques diront que les enfants d'aujourd'hui ne savent plus s'amuser. Pourtant, certains jeux de société dits traditionnels sont en ligne. La technologie change le portrait du jeu, mais doit-on s'en inquiéter?

Keith Bakker[9] dirige une clinique de désintoxication à Amsterdam. Selon lui, 90 % des personnes qui ont séjourné à la clinique pour dépendance aux jeux vidéo ne vivent pas une réelle dépendance, mais sont victimes de problèmes sociaux. Ce sont des enfants qui ont besoin de leurs parents. Un meilleur encadrement aurait pu prévenir cet usage problématique du jeu. Les jeux vidéo constituent un loisir inoffensif à condition qu'ils ne grugent pas le temps qui devrait être dévolu à l'adaptation sociale, à l'activité physique et à la démarche scolaire, ou encore au sommeil et à l'alimentation. Il faut alors se demander pourquoi l'enfant a ce désir de s'échapper dans le monde virtuel ou de briser son ennui avec des images de synthèse.

Ce qu'il y a de rassurant, c'est que 84 % des parents québécois disent jouer à des jeux vidéo avec leurs enfants[10]. Ils savent donc ce que font leurs enfants, ils s'y intéressent et peuvent limiter la durée du jeu. Les jeux récents ont des mécanismes de sauvegarde, ce qui permet à l'enfant de s'interrompre sans devoir recommencer son jeu au début. La fonction « pause » est également utile : elle permet d'échanger avec les enfants sur les stratégies qu'ils ont déployées pour affronter un problème lié au jeu. Il est aussi intéressant de choisir des jeux collectifs, qui servent à tous les membres de la famille, et des jeux propres à chaque membre de la fratrie. Si votre enfant est captif de l'écran et que la manette du jeu est devenue le prolongement de son corps, le dialogue est la voie la plus efficace pour régler le problème. Le parent doit aider l'enfant à choisir ses périodes de jeu et à déterminer des critères de qualité, tout en lui parlant de son inquiétude. Au contraire, un sevrage radical, à la suite d'une démarche punitive, peut provoquer de la frustration, de l'opposition, un sentiment d'injustice ou de la morosité.

Ce matin, à la garderie, c'est au tour de Félix, 4 ans, de jouer à un jeu vidéo. Pendant qu'il manipule la souris de l'ordinateur avec aisance, quatre de ses petits amis l'observent, immobiles, le regard fixe. Selon Elsa, l'éducatrice de ce groupe, cette fascination dure parfois jusqu'à 40 minutes tous les jours. C'est l'appel pour le repas qui rompt le charme. Le groupe est agité, les conflits se multiplient, les enfants grimpent, courent, crient et évacuent tant bien que mal leur surplus d'énergie. Après le repas, quand l'éducatrice propose d'aller jouer dehors, les enfants refusent. Un petit groupe va même s'installer à nouveau près de l'ordinateur, alors qu'un autre veut regarder une cassette. L'éducatrice éprouve de la difficulté avec son groupe qu'elle qualifie d'agité : les réprimandes se multiplient et les enfants délaissent de plus en plus les jeux moteurs.

Cyberdépendance

La Société canadienne de pédiatrie s'inquiète du phénomène Internet « en raison de sa nature interactive qui est susceptible d'être utilisée pendant de trop longues périodes. L'accoutumance à Internet, qu'on appelle également l'utilisation pathologique d'Internet ou le trouble de dépendance à Internet, est un problème connu chez les adultes et n'est pas moins grave chez les enfants, qui peuvent en faire un usage illimité[11]. » En effet, il devient facile d'y passer beaucoup de temps puisque l'ordinateur offre tellement de choix : recherches, jeux vidéo en ligne, « clavardage », forums. Selon Richard Davis, seuls les jeux en ligne et le clavardage peuvent être classifiés sous le vocable de « cyberdépendance ».

Les cyberjunkies

« La cyberdépendance divise les psychologues », titrait *La Presse* en 2003[12]. En 2009, on retrouvait dans le même quotidien le titre de « Thérapie de choc pour accros à l'Internet »[13] et, en 2010, ce journal y consacrait tout un dossier : « Pris dans la Toile »[14]. Le sujet suscite des questions, mais les réponses sont difficiles à trouver et surtout à prouver. Les adultes cyberdépendants sont retirés de la vie sociale, ils ne sont pas disponibles pour des études et sont souvent peu conscients de leur obsession. Plusieurs consultent parce qu'ils constatent que leur usage excessif nuit gravement à leur relation de couple. En Chine, dix cliniques publiques sont ouvertes à des cyberdépendants âgés généralement de 22 à 40 ans. Chez les jeunes adultes, on dénonce la présence de problèmes familiaux[15].

En Amérique du Nord, un seul centre accueille des cyberdépendants (sept patients d'août 2009 à janvier 2010); il s'agit de Restart, en banlieue de Seattle. On demande 14 500 $ pour 45 jours de thérapie, ce qui suscite beaucoup de critiques. Il y aurait de 6 à 15 % de cyberdépendants chez les internautes[16] et, selon l'Institut universitaire sur les dépendances du Centre Dollard-Cormier, ce problème atteindrait entre 0,5 % et 2 % de la population générale[17], surtout de jeunes adultes. Par contre, 59 % des jeunes disent que leur utilisation de l'Internet nuit à leurs travaux scolaires[18].

Selon Louise Nadeau, professeure au département de psychologie de l'Université de Montréal, « les gens les plus vulnérables sont les introvertis, ceux qui ont moins d'habiletés sociales[19] ». Ils visitent particulièrement les sites de réseautage et les mondes virtuels où les jeux de rôles sont très populaires. Bien que cette réalité de l'usage excessif d'Internet ne semble toucher que les adolescents et les adultes, les parents doivent demeurer vigilants, d'autant plus qu'il est difficile de suivre la navigation des enfants. Très habiles, ceux-ci peuvent consulter un site de recherches pour compléter un travail scolaire et le temps d'un clic se retrouver à clavarder ou à jouer en ligne.

Si votre enfant se lève la nuit pour accéder librement à son ordinateur, s'il ment au sujet du temps passé en ligne, s'il s'intéresse davantage à ses amis de réseau qu'aux copains de l'école et du voisinage, s'il néglige ses sports et ses activités scolaires et fait une crise à l'idée d'aller faire du camping sauvage où autre voyage sans accès Internet, vous devez agir. L'approche préconisée est la même que celle suggérée pour les accros des jeux vidéo. Voici les conseils offerts par Jeunesse J'écoute[20]:

- Installez l'ordinateur dans une pièce commune de la maison (cuisine, salon, salle de séjour);
- Intéressez-vous aux activités en ligne du jeune;
- Allouez un temps à l'ordinateur;
- Proposez des activités familiales qui passionnent les jeunes;
- Évitez le système de punition-retrait brutal, qui ne fait qu'amplifier le réflexe de mentir de crainte d'être à nouveau privé de l'accès à Internet.

Notes

1 CARON, A. H. Groupe de recherche sur les jeunes et les médias. Département de communication, Université de Montréal. Famille et télévision ; dynamique et processus.

2 Ibid.

3 Ibid.

4 CLERGET, S. *Ils n'ont d'yeux que pour que elle : les enfants et la télé.* Paris : Fayard, 2002.

5 Ibid.

6 JULIEN, G. *Vivre avec un enfant qui dérange.* Montréal : Bayard Canada, 2007.

7 RÉSEAU ÉDUCATION MÉDIAS. « La dépendance » www.education-medias.ca/francais/parents/jeux_video/inquietudes/dependance_jeux.cfm

8 « Accros aux jeux vidéo » e-sante.fr. www.e-sante.fr/developpement-personnel-accro-jeux-video-NN_15005-124-7.htm

9 BAKKER, K. *Dépendance aux jeux vidéo.* http://jeuxvideo.fluctuat.net/blog/34566-dependance-aux-jeux-video-partie-1-le-point-de-vue-scientifique.html

10 « Dossier Jouer ! Être branché… ou ne pas être ? » *Revue RND* Mars-avril 2010, 108 (2).

11 SOCIÉTÉ CANADIENNE DE PÉDIATRIE. Révision 1-2009.

12 TREMBLAY, M.P. « Les Cyberjunkies. La cyberdépendance divise les psychologues. Maladie ou pas ? » *La Presse,* 1er juin 2003.

13 DE BOURDON, T. « Thérapie de choc pour accros à l'Internet ». *La Presse,* 3 septembre 2009.

14 CÔTÉ, É. « Pris dans la toile ». *La Presse,* 30 janvier 2010.

15 Ibid.

16 Ibid.

17 Ibid.

18 Ibid.

19 Ibid.

20 Ibid.

CHAPITRE 4

L'influence des images violentes

Les héros batailleurs

Grognements d'animaux, fusillades en rafale, batailles entre héros et vilains : certains jeux d'enfant inquiètent les parents. Ils craignent que les enfants se blessent, ils anticipent le vacarme dans la maison. Et jusqu'où laisser aller l'enfant qui se prend pour un chasseur Pokemon® ou qui déploie coups de pieds et cris pour faire fuir son ennemi ? D'autant plus que certaines séries télévisées et maisons de production cinématographique mettent sur le marché des produits dérivés qui créent toute une frénésie.

Spiderman® : depuis les sous-vêtements jusqu'aux poignets magiques

Un engouement collectif pour Spiderman® s'est répandu à la garderie, après la sortie du film. Dans le groupe des enfants de 4 et 5 ans, Simon, Lucas et Jonathan tendent les poignets, placent soigneusement les doigts en émettant un son simulant le jeu de la toile d'araignée. Face à face, le visage menaçant, ils imitent leur héros. Simon m'explique que Spiderman® voit dans la nuit et qu'il n'a pas peur. « Comme ça », me dit-il en faisant le geste du jet, et il replace mes doigts pour parfaire mon imitation. « Regarde, moi, j'ai les petites culottes de Spiderman® », riposte Lucas, « et en plus, j'ai le pyjama chez moi », ajoute-t-il. « Vous n'avez pas le costume, moi je l'ai mis à l'Halloween », renchérit Jonathan, qui ne veut pas être en reste.

Les cartes Pokemon®

Le désir collectif de posséder les cartes de Pokemon® s'est tellement intensifié dans la cour d'école qu'on a fini par constater qu'il y avait des vols et des bagarres à ce sujet. Certaines écoles ont même interdit aux élèves d'apporter leurs cartes de Pokemon®, à la grande déception des enfants qui se contentaient de les échanger ou de les comparer.

Les exploits de Batman®, de Superman® et de Spiderman® impressionnent les enfants. Ces héros surmontent les difficultés et maîtrisent toutes les situations périlleuses. L'enfant aussi désire détenir des pouvoirs magiques qui lui confèrent une maîtrise des peurs et surtout de la domination. Il rêve de posséder cette force héroïque qui lui permettrait de quitter son état de dépendance. Grâce à ces pouvoirs, il décide de tout, il surmonte ses craintes, il devient maître de son monde imaginaire.

Les enfants imitent spontanément ce qui est nouveau. « L'imitation est un trait psychologique fondamental de l'homme », note L. Lurçat. « On l'observe pratiquement dès les débuts de la vie, elle rend la vie sociale possible. Elle contribue à la cohésion sociale par la propagation des modèles et des idées de personne à personne[1]. » On observe les petits qui s'imprègnent d'images et de sons. Ils remuent et se balancent en entendant la trame sonore de leur émission et en mimant les petits personnages télévisuels. Ils participent au spectacle en répondant à l'invitation qui leur est lancée par un personnage qui leur demande de faire comme lui. Les Télétubbies® sont un bon exemple de ce phénomène.

Clerget fait remarquer qu' « à partir de 2 ans, l'enfant peut reconnaître et donc imiter, sans toutefois leur donner un sens, les modalités expressives de la joie, de la tristesse ou de la peur des personnages télévisuels[2] ». Les parents attentifs à cette démonstration doivent donner un sens à ce mimétisme en nommant l'émotion reproduite par l'enfant. Vers l'âge de 3 ans, l'enfant choisit ses modèles, les héros dont il s'inspire. Il intègre l'allure du héros, ses attitudes, ses facultés extraordinaires et parfois même son langage. « Au-delà de 3 ans, l'enfant commence à choisir ses modèles d'identification télévisuelle indépendamment des adultes référents et la télé devient alors pour ces derniers une véritable concurrente[3]. » La concurrence devient très forte quand les parents adorent eux-mêmes le petit écran et quand les personnages préférés de l'enfant l'accompagnent plus souvent dans ses loisirs que ses parents.

Heureusement, une étude réalisée en 2009 révélait que « la majorité des petits personnages des émissions canadiennes étaient positifs pour les enfants[4] ». Ce sont des héros socialement adaptés, pacifiques, aventureux et joyeux.

Quoi qu'il en soit, il est normal pour un enfant de s'identifier à un personnage. Réprimez ce type de jeu et vous découvrirez des Batman® sous la table, des Spiderman® derrière un paravent, et les jeux se feront en cachette. Il vaut mieux établir une connivence avec les enfants. Tentez de cerner ce qui caractérise les héros, ce que représentent pour eux ces personnages. Ils se feront un plaisir de corriger vos imitations. En entrant dans le jeu, vous pourrez les amener à l'enrichir, à le diversifier, à proposer des amis au héros, à lui attribuer d'autres émotions. Vous soutiendrez ainsi leur créativité.

La bataille, les corps à corps ou encore les dinosaures menaçants font aussi partie du processus de symbolisation. Bien que ces comportements dynamiques semblent parfois agressifs, il est important de ne pas les confondre avec des conduites agressives. Le jeu combatif offre à l'enfant la possibilité d'exprimer des émotions fortes et de pratiquer la maîtrise de soi en modulant ses gestes, en les refrénant et en choisissant ses rôles.

Le jeu combatif s'anime dans le faire-semblant grâce à l'imagination de l'enfant. En y participant, les enfants crient, courent, simulent la colère, se bousculent parfois, mais le plaisir est au rendez-vous. Quant aux conduites agressives, elles sont plutôt habitées par des sentiments réels, une frustration, une colère qui pousse l'agresseur à poursuivre un autre enfant effrayé.

Dans le feu de l'action, les batailles dégénèrent parfois, les enfants s'excitent et éprouvent de la difficulté à freiner leurs élans moteurs. Quand un enfant se blesse, on doit arrêter le jeu et faire prendre conscience aux autres que ce n'est plus un jeu amusant. C'est alors une occasion de pratiquer la modulation de l'agressivité, la maîtrise du geste.

Étonnamment, interdire le jeu combatif peut l'inciter. Le fait de jouer avec l'enfant l'aide à rediriger son jeu, à exprimer ses sentiments de façon symbolique et à développer sa capacité à régulariser ses conduites agressives à travers un personnage, un animal, une fantaisie. L'épée de carton, le fusil fait de blocs et la baguette magique servent à créer un monde imaginaire et à faire semblant de combattre, de tuer ou de transformer.

C'est l'adulte qui confond le héros batailleur et son arme à l'armada réelle, celle des grands, celle qui tue dans la réalité. C'est prêter aux petits toute une intention hostile et c'est toute une responsabilité que d'interdire ces jouets fusils tirés du cinéma parce qu'ils sont destructeurs. L'enfant d'âge préscolaire navigue de la réalité à son monde imaginaire. Il passe d'un sentiment de toute-puissance, costumé de la cape de Batman®, à un sentiment de totale impuissance quand il marche dans la neige, vêtu de ses lourdes bottes et de son encombrant habit de neige.

Vers l'âge de 7 ou 8 ans, sa pensée se concrétise. Il s'intéresse au fonctionnement du monde réel. La guerre prend peu à peu tout son sens et perd son caractère ludique.

En jouant à la guerre, l'enfant se rend compte qu'à tirer sur l'ennemi, ce dernier devient inerte et ne peut plus s'amuser avec lui. Il répète la scène pour jouer de nouveau et finit par s'apercevoir que le conflit mène à une impasse. Il diversifie alors son jeu afin de le prolonger. Lorsque le fait d'imiter son héros devient un jeu répétitif, l'enfant s'en désintéresse et cherche à adopter de nouvelles conduites plus originales.

En acceptant les jeux de guerre, les jeux combatifs ou les jeux de héros et en y participant, l'adulte reconnaît le besoin des enfants de maîtriser leur monde. Il peut alors leur proposer des solutions de rechange, aider l'enfant à maîtriser la manette de contrôle, enrichir son jeu créatif et agir à l'occasion en tant que médiateur. Il met à la disposition des enfants du matériel, un espace favorisant la liberté du jeu et la sécurité des enfants.

Nicole Royer propose aux enseignantes aux prises avec des enfants qui font des jeux de rôle et qui deviennent des héros bagarreurs différentes stratégies pour s'adapter à la réalité des familles[5] :

- Cherchez à « savoir ce que représentent ces personnages pour les enfants » ;
- Établissez une « connivence en parlant avec les enfants des récents épisodes » ;
- Imitez « l'un des personnages » ;
- Amenez « les enfants à dépasser la simple imitation ». Comment le personnage se sent-il ? Comment peut-il agir sans son arme ? Qui sont ses amis ?
- Invitez-les à « jouer leurs propres histoires » en faisant intervenir de nouveaux héros ou à utiliser le dessin ou l'écriture pour compléter les jeux de rôle.

Quand, avec le héros, vient la cape, la carte spéciale, l'arme, la figurine ou tout autre article à la mode propulsé par les maisons de production, il devient difficile de résister à l'appel de la consommation. Une approche modérée permettra à votre enfant de participer à la folie du moment. Avec l'achat d'un article et non de toute la panoplie offerte, et selon le budget familial, votre enfant ne se sentira pas exclu du groupe qui partage la même passion. Vous éviterez aussi le piège du mercantilisme où *l'avoir définit l'être.*

« Il faut cependant veiller à circonscrire la place que cette frénésie occupe dans la vie de l'enfant, de manière à ce qu'elle demeure ce qu'elle doit être : un phénomène marginal dans la marche vers la construction de son identité, conclut François Dumesnil[6]. »

Téléphages agressifs : mythe ou réalité

L'actualité porte à l'occasion à notre attention des crimes commis par des adolescents et même des enfants qui semblent calquer des modèles télévisuels (ex. : « Jalousie meurtrière de deux adolescentes de 13 ans à Besançon, dont le *modus operandi* est inspiré de Scream »). Bien qu'il s'agisse de cas isolés, de tels modèles agressifs, médiatisés par la télévision, préoccupent l'opinion publique et les parents[7]. En témoignent la campagne québécoise contre la téléviolence mise sur pied par Virginie Larivière il y a une quinzaine d'années et celle lancée en 2003 par la Commission scolaire de Montréal, appuyée notamment par le Collège des médecins et l'Ordre des psychologues. Cette inquiétude vient en grande partie du nombre effarant et croissant d'actes de violence répertoriés par diverses études portant sur le contenu télévisuel. La définition donnée par Santé Canada la plus couramment utilisée pour désigner et mesurer la violence des contenus télévisuels est la suivante : « Des actes physiquement violents ou agressifs commis dans l'intention de faire mal à quelqu'un ou la menace de commettre de tels actes[8] ».

« Avant d'atteindre l'âge de 16 ans, le téléspectateur américain aura été témoin de 13 000 meurtres violents[9]. » La Société canadienne de pédiatrie[10] fait état de 12 000 actes violents vus à la télévision par les enfants chaque année. Les actes de violence ont augmenté de 432 % sur les réseaux privés québécois, d'après une étude de l'Université Laval. En plus, 80 % de ces épisodes sanguinolents ont été diffusés avant 21 heures[11]. Ce qui choque le plus, c'est que cette violence télévisuelle soit diffusée durant le week-end, période durant laquelle les enfants d'âge scolaire risquent d'être devant les écrans. En effet, 93 % du contenu télévisuel américain diffusé le jour, durant le week-end, et qui est conçu pour les enfants contient de la violence[12]. Myers[13] soutient que sur les réseaux américains, il y a 18 actes de violence par heure pendant les émissions destinées aux enfants le samedi matin. Le cinéma aussi a haussé son niveau de violence dans certains films (*Robocop 1* en 1987 : 32 morts ; en 1990, *Robocop 2* : 82 morts ; *Die Hard 2* : 264 morts et *Rambo 3* : 106 morts. Ces statistiques alarment, d'autant plus que, malgré leurs inquiétudes au sujet de l'influence du petit écran sur le développement, 85 % des parents disent ne pas superviser l'écoute télévisuelle de leurs enfants[14,15]. Il est dommage qu'il en soit ainsi puisqu'il est démontré, comme le rapporte J. Dumas, que « les enfants qui décidaient – en concertation avec leurs parents – des émissions qu'ils regardaient choisissaient moins souvent celles qui étaient susceptibles de présenter un niveau élevé de violence[16] ». Clerget[17] affirme qu'« il existe un lien entre les comportements prosociaux d'un adulte et le fait qu'il ait été dans son enfance exposé à des émissions de télévision au contenu prosocial marqué ». Il ajoute que cet effet positif supplante les effets négatifs des émissions antisociales. Landy[18] ajoute que certains contenus télévisuels peuvent servir d'agent de socialisation en encourageant l'empathie, la compassion, l'ouverture et la tolérance envers les différences raciales et proposent des modèles concrets pour interagir d'une manière positive. Certaines émissions américaines sont données en exemple (*Barney*, *Sesame Street*). Nous pouvons être fiers de nos créateurs québécois qui nous ont offert *Passe-Partout*, *Cornemuse*, *Toc Toc Toc* et bien d'autres émissions de grande qualité. On peut s'étonner du fait que, malgré tout cet apport médiatique positif, il existe une telle fascination pour des émissions ou des films de tueries, de bagarres, de fusillades, de tortures. S'il y a une diffusion de ce type de contenu, c'est bien parce que de nombreux téléspectateurs en veulent. Personne n'est contraint de s'installer devant son écran et de choisir des émissions à contenu violent. Certains argumenteront qu'il s'agit de scènes fictives et non de réelles violences. En effet, on présente une vision déformée de la réalité de la violence à la télévision. « Contrairement au monde réel, où 87 % des crimes sont non violents, 13 % des crimes montrés à la télévision ne sont pas violents[19]. » Dans la réalité, les gens agressés saignent, crient, pleurent, alors qu'à la télévision, on retrouve dans 67 % des émissions destinées aux enfants une association entre l'humour et la violence (pensons aux dessins animés)[20]. Six scènes sur dix ne montrent pas la douleur ni les torts faits à la victime[21]. Au petit écran et au cinéma, les « bons » sont autorisés à utiliser la violence contre les « méchants », sans égard à la loi[22]. « Il n'y a que 4 % des émissions violentes qui offrent une solution de rechange claire à la violence ou la condamnent[23]. » Dumas ajoute : « Dans 73 % des scènes violentes, les agresseurs ne sont pas punis, la violence étant présentée comme un moyen acceptable de résoudre un conflit ou d'imposer sa volonté. Conséquence : l'enfant apprend que la violence paie[24]. »

Donc, dans les émissions de télévision ou dans les films vus au cinéma ou sur magnétoscope, les enfants constatent que :

- la violence va de pair avec l'humour et entraîne rarement des conséquences[25,26] ;
- la violence s'avère un moyen efficace d'obtenir ce que l'on veut ou de se débarrasser de ce qui nous embête[27].

Bien que cette représentation télévisuelle du monde soit biaisée par la surreprésentation de la violence, on peut se demander si l'enfant est en mesure de départager la réalité quotidienne et les messages émis par les images. Sait-il interpréter les contenus de manière à se faire une idée juste des rapports humains ? Plusieurs auteurs[28,29,30,31,32] soutiennent que la fréquence des actes violents vus par l'enfant le pousse à percevoir le monde comme menaçant, et la violence, acceptée par la société. Dumas[33] parle d'un « effet de victimisation parce qu'elle augmente la crainte et la méfiance de l'enfant ». L'enfant peut donc en venir à imaginer que les autres sont potentiellement dangereux et ont des intentions hostiles envers lui. Cette perspective peut susciter des réactions de repli sur soi[34,35]. Clerget parle de « prostration anxieuse où l'angoisse inhibe et paralyse[36] ».

On observe également un effet de désensibilisation. À force de voir des gestes violents[37], souvent associés à l'humour, certains enfants en viennent à les banaliser, la cruauté envers autrui ne les concerne plus. Dumas[38] nomme ce phénomène l'effet d'inoculation. Landy[39] parle de « dulling effect » (effet d'engourdissement), mais le terme le plus fréquemment utilisé est la « désensibilisation[40,41,42,43] ».

Le dernier effet soulevé par différentes études est l'imitation et, par conséquent, l'augmentation des comportements agressifs. La question de l'induction de l'agression médiatisée sur les conduites agressives est complexe. Les images violentes qui sont médiatisées n'agissent pas de façon unilatérale et ne peuvent à elles seules être désignées comme cause de l'augmentation ou de la présence des conduites violentes. Certes, de nombreuses études associent les images violentes télévisuelles et les conduites agressives:

« À l'heure actuelle, plus de 1000 études indiquent, en très grande majorité, une relation causale entre la téléviolence et les comportements agressifs de certains enfants. Les professionnels de la santé publique, s'appuyant sur plus de 30 ans de recherches, affirment que la consommation de divertissements violents peut conduire à l'augmentation des attitudes, des valeurs et des comportements agressifs, particulièrement chez les enfants. Les effets sont mesurables et durables. De plus, l'exposition prolongée peut entraîner une désensibilisation face à la violence dans la vie réelle[44]. »

Le docteur Yves Lamontagne apporte une nuance: « Il n'y a plus d'équivoque: plus de 1000 études démontrent qu'il y a un lien entre les images violentes à la télévision et les comportements agressifs de certains enfants[45]. » Blind et Pool[46] précisent: « La majorité d'entre elles [recherches, enquêtes] restent très nuancées, refusant d'attribuer uniquement à la télévision l'augmentation supposée de la violence chez les jeunes téléphages. » Il est très difficile et imprudent d'établir une relation causale entre la consommation de téléviolence et les conduites agressives des enfants ou encore de voir une corrélation entre ces deux éléments sans prendre en considération les facteurs de risque en lien avec les conduites violentes.

Vitaro et Gagnon[47] énumèrent les facteurs biologiques et environnementaux susceptibles d'agir sur le développement des problèmes de conduites externalisées, particulièrement lorsqu'ils s'additionnent.

Tempérament, hyperactivité et impulsivité, excès de réactivité à certains stimuli, intelligence en dessous de la moyenne, problème de langage, piètre qualité de la relation affective entre l'enfant et ses parents, pratiques disciplinaires inefficaces ou coercitives, violence corporelle, conduites négligentes, mauvais traitement, négligence, pauvreté, faible scolarisation, problèmes psychosociaux d'un ou des deux parents, voilà autant de facteurs qui contribuent à accroître les risques d'apparition ou le maintien des conduites violentes. Les conditions d'éclosion de la violence sont donc nombreuses et interreliées et sont rarement prises en compte lors de l'analyse des effets de la téléviolence sur le comportement de l'enfant.

Certaines études visent à observer les effets à court terme, tout juste après le visionnement de scènes violentes.

> Lundi matin, à la garderie, Louis-Philippe joue à la lutte avec un copain : prise de l'étau, prise du cobra et « vlan sur le tapis », dit Louis-Philippe. Grand amateur de la lutte télévisée, il s'amuse à empoigner les garçons de son groupe, malgré leurs contestations larmoyantes.

On scrute alors les conduites « imitées » en laboratoire. Le test de Bobo Doll en est un exemple : « L'agressivité du groupe exposé est supérieure à celle du groupe contrôle. Ils manifestent une violence d'autant plus grande envers la poupée que la brutalité de l'agresseur dans l'émission se trouve récompensée[48]. » L'étude de Boyatzis[49] va dans le même sens, les garçons qui venaient juste de regarder l'émission *Power Rangers* imitaient les prises de karaté de leurs héros de l'écran. On peut se demander si le fait d'avoir imité en laboratoire peut devenir un indicateur de violence dans la vie réelle. Dumesnil[50] parle de « mouvement agressif volatif ». Landy[51] avance que l'écoute d'un bon nombre de scènes violentes à la télévision augmente l'agressivité dans le jeu des enfants immédiatement après le visionnement. Dernièrement, une étude a fait état d'un lien entre les comportements agressifs des enfants de 3 ans et l'exposition, même indirecte (quelqu'un d'autre regarde l'émission), à la téléviolence[52]. D'autres études cherchent à reconnaître les effets à long terme, c'est-à-dire les impacts comportementaux, dans la vie réelle après quelques années. Plusieurs chercheurs[53,54,55,56] ont d'ailleurs conclu dans ce sens à une augmentation des comportements violents chez les enfants, particulièrement les garçons, les plus exposés quantitativement aux images violentes. Qui sont ces jeunes téléphages avides d'images violentes ?

Max, 3 ans, est en train de jouer avec un camion. Lorsque le petit Simon veut s'emparer de son jouet, Max s'avance vers lui en proférant cette menace : « Va-t'en ! Je vais prendre un couteau, je vais t'ouvrir le ventre, ça va faire un grand trou et ça va saigner. » Simon rejoint son éducatrice Lucia en pleurant et lui explique pourquoi il est terrorisé. Elle le rassure en lui disant qu'elle est là pour le protéger. Elle lui explique que Max est en colère et qu'il est en train d'apprendre à dire : « Je suis fâché ». De son côté, Max racontera plus tard à son éducatrice que, quand son grand-père le garde, il leur arrive souvent de regarder ensemble des films « pour les grands ». Il habite chez ses grands-parents avec sa jeune mère qui termine ses études secondaires en soirée. Hier soir, il a vu un film où un homme tuait quelqu'un avec un grand couteau. Lucia rassure Max en lui disant que c'est normal d'avoir peur des films de violence. Elle lui explique aussi que, même si on est fâché, les comportements violents ne sont pas acceptables et lui propose d'autres façons d'exprimer sa colère contre Simon[57].

Cloutier et Renaud affirment que « les enfants provenant de milieux défavorisés ou obtenant des résultats faibles à l'école passeraient plus de temps devant la télé et préféreraient les émissions violentes plus que les autres enfants[58] ». Ils ont plus tendance à croire que la violence est une bonne stratégie pour résoudre les conflits[59]. Les enfants qui vivent dans un contexte familial violent sont particulièrement vulnérables à l'influence de la violence des images puisque ces dernières viennent confirmer les normes familiales agressives. Le risque de manifester des conduites agressives augmenterait donc chez les enfants consommateurs de téléviolence « quand la force physique est couramment employée comme moyen disciplinaire dans la famille[60] ». On soulève le lien entre l'expérience de maltraitance combinée à de fortes doses de violence télévisuelle et à la disposition à commettre des crimes violents[61].

Aubert[62] affirme que l'influence de la violence des images n'agirait que sur certaines personnalités fragiles. Landy[63] soulève la question du niveau d'anxiété propre à chaque enfant alors que la Société canadienne de pédiatrie identifie les enfants présentant des troubles affectifs ou d'apprentissage comme étant plus vulnérables. Les garçons se montrent plus vulnérables[64,65,66] à l'influence télévisuelle que les filles parce qu'ils ont de multiples occasions de s'identifier à des héros mâles. De plus, les attentes culturelles à l'égard des filles les poussent à adopter d'autres manières plus prosociales pour être acceptées.

La tendance de l'enfant à utiliser des gestes agressifs détermine aussi l'effet : « Ce sont les sentiments violents qui animent l'enfant, explique Dumesmil, qui l'incitent à réactualiser un contexte propice à leur expression. Il se sert de ce qu'il voit à la télévision pour mettre en scène l'agressivité qu'il porte en lui[67]. » La violence devient assimilable pour l'enfant parce qu'elle entre en résonance avec les pulsions violentes en lui, elle prend du sens pour lui. Fasciné par les scènes violentes, l'enfant perturbé y voit une confirmation de son mode de fonctionnement. D'ailleurs, selon R. Tremblay, « certaines études ont bien montré que les médias à contenu agressif sont plus attirants pour les jeunes agressifs, qui retrouvent dans ces contenus un soutien à leur comportement[68] ».

Bien que l'on ait des présomptions quant à la violence liée aux images violentes, on ne peut affirmer qu'elles sont à l'origine ou la cause de l'agressivité ou de l'augmentation de la fréquence des comportements agressifs. L'influence de la violence médiatisée varie selon le contexte dans lequel la violence est présentée, la dose plus ou moins élevée de violence quotidienne, la présence et la supervision des contenus par les parents, le contexte familial dans lequel l'enfant grandit, son tempérament, son sexe et son âge. La tendance à agresser diminue avec l'âge, l'enfant apprend peu à peu à socialiser. On peut donc s'attendre davantage à des imitations spontanées de gestes violents chez les enfants d'âge préscolaire, pour qui ces gestes rapides et irréfléchis font écho à leur immaturité et au manque de contrôle de soi, qu'auprès des enfants de 10 ou 12 ans qui ont assimilé les règles assujettissant les relations humaines.

Tremblay fait remarquer que « les contenus violents dans les médias soutiennent la violence des individus déjà violents. À l'inverse, moins un jeune agressif consomme de violence dans les médias et mieux il apprend à utiliser des solutions de rechange à l'agression physique[69]. » En tenant compte du fait que les petits recourent spontanément à l'agression physique, et ce, dès les premières années de leur vie, on comprend toute l'importance de leur présenter des modèles télévisuels leur permettant de désapprendre ces façons rudes d'exprimer leurs besoins ou leurs frustrations. La grande majorité des enfants affiche moins de comportements agressifs grâce au langage et à un encadrement parental adéquat. Cela ne veut pas dire qu'il est sans danger d'exposer nos enfants à la violence télévisuelle. Non seulement l'expérience peut le troubler, mais elle peut aussi teinter sa vision du monde si l'entourage n'agit pas pour contrecarrer les effets pervers de banalisation, de victimisation ou le message de la légitimité des gestes violents.

D'ailleurs, les enfants qui sont en contact avec la violence télévisuelle de façon intensive en viennent à accepter[70] peu à peu les gestes violents des autres puisque cette violence est si efficace et commune. Les jeunes téléspectateurs qui vivent eux-mêmes dans un contexte de violence développent même une apathie devant la violence des autres[71]. Les parents doivent donc exercer un rôle de supervision dans le choix télévisuel et de recadrage, lors de visionnement de scènes où la violence est présentée comme normale, voire banale, efficace, sans conséquence et même amusante. Ils doivent réagir en faisant valoir leurs valeurs personnelles, autant lorsqu'il s'agit de scènes moralement inacceptables pour eux que lorsque leur enfant rit ou se montre indifférent devant des images choquantes.

Maxime, 9 ans, et Alix, 10 ans, rient à gorge déployée. Le père de Maxime décide d'aller voir ce qui se passe dans le sous-sol. À la télévision, un film montre de jeunes adolescents malmenant une personne en fauteuil roulant et un professeur en les catapultant par la fenêtre ouverte d'un immeuble. Le père de Maxime se place devant l'écran et s'insurge contre leur réaction. « Maxime, tu trouves ça drôle ! Qu'est-ce qu'il y a d'amusant dans le fait de blesser des gens ? » Il exige que son fils éteigne le téléviseur. Il a fort à parier que si Maxime s'était prononcé contre ce qui se passait en se mettant à la place des victimes, son père aurait permis qu'il poursuive son visionnement.

C'est la tâche des parents d'accompagner leur enfant vers la socialisation et la prise de conscience de la réalité, parfois mal représentée à la télévision.

Jeux de guerre sur écran

Les jeux vidéo et les jeux en réseau sur Internet sont devenus les concurrents de la télévision, en ce qui concerne les loisirs. Certains téléphones intelligents offrent aussi des options de jeux. Plusieurs parents s'inquiètent de cette passion dévorante du jeu, pour les mêmes raisons qu'ils s'interrogent sur l'effet de la télévision ou du cinéma où ils voient tant de violence. Il n'y a pas que les adolescents pour pratiquer les jeux vidéo. Le Nintendo® a des adeptes beaucoup plus jeunes. Les jeux violents datent des années 80[72]. « Une étude de Funk et Buchman (1996) montre que 59 % des filles et 73 % des garçons préfèrent les jeux vidéo violents aux jeux vidéo sportifs ou moins violents[73]. » Jacques Brodeur[74] dénonce l'utilisation croissante des jeux vidéo au primaire : « Dans 85 % des cas, les jeux vidéo utilisés sont de la catégorie « First Person Shooter » : le joueur doit tirer plus vite que le méchant à l'écran, parfois un policier. » Grossman, Blind et Pool[75] s'inquiètent aussi des automatismes créés par le fonctionnement stimulus-réaction à répétition de ce type de jeu qu'ils associent à la mise en condition opératoire de l'entraînement des soldats ou des policiers. Selon la Société canadienne de pédiatrie, « aucune analyse quantitative du contenu vidéo évalué comme convenant à tous les publics n'a été effectuée avant 2001. Cette analyse concluait que de nombreux jeux vidéo évalués "pour tous" contenaient en réalité 64 % de violence intentionnelle et 60 % récompensaient les joueurs d'avoir blessé un personnage[76]. » Encore ici, et malgré la réalité criante de la violence dans plusieurs jeux vidéo, 90 % des enfants américains s'y amusent sans surveillance parentale et 89 % sans limites de temps[77].

Peu d'études se sont intéressées au lien entre les jeux vidéo et les comportements agressifs des enfants. On a toutefois observé que les jeux de type « First Person Shooter » intéressent des enfants de plus en plus jeunes et qu'ils ne suscitent pas l'activation des lobes frontaux susceptibles d'agir dans le contrôle de soi et le sens moral. On constate aussi que les filles, en majorité, ne font pas les mêmes choix que les garçons pour les émissions et les jeux vidéo. Certains jeux permettent de décharger les tensions, de vivre des succès, de s'affirmer dans ses choix (personnages, stratégies). Le sport favorise aussi cette canalisation de l'énergie par l'épuisement physique et la sécrétion d'endomorphines, tout en favorisant l'intégration des règles sociales dans les sports compétitifs. Les jeux vidéo semblent un loisir inoffensif dans la mesure où ils ne se substituent pas à d'autres activités sociales où l'on pratique le rapport avec les autres.

Clerget[78] y voit même un atout pour les filles : « Ils lèveraient chez les filles l'inhibition qui touche les actions violentes. » On manque de données sur les effets à long terme des jeux vidéo. Les parents doivent donc être vigilants, s'informer et se familiariser avec les modes de classification et, surtout, expérimenter eux-mêmes les jeux afin de prendre des décisions éclairées.

Surmonter les peurs

Dans une étude, des parents se disent soucieux de la peur que ressentent leurs enfants à l'écoute de certaines émissions[79]. Liliane Lurçat[80] s'est intéressée à l'anxiété provoquée par les émissions de télévision à contenu violent chez les enfants de maternelle. Elle décrit les atteintes comme de véritables traumatismes. « Elle constate que les dégâts augmentent en fonction du manque d'attention, d'affection dans la famille ainsi que les disparités selon le milieu socioculturel d'où est issu le jeune téléspectateur. »

Cependant, les monstres, les loups, les méchants et les héros vengeurs n'existent-ils pas depuis toujours dans les contes pour enfants ? Il y a bien quelques vampires, robots ou autres créatures issues de notre époque, mais ils rejoignent les peurs de toujours : peur d'être dévoré, peur du noir, de la mort, d'être seul, d'être attaqué. Certains contes sont remplis de cruauté et habités par des ogres, des géants, des sorcières. Toutefois, ce qui distingue les contes du média télévisuel, c'est que, lorsque l'enfant écoute l'histoire racontée par un adulte, les émotions sont transmises par la voix du conteur. Il peut moduler le ton de sa voix et aussi répondre au besoin d'excitation ou d'apaisement de l'enfant. Celui-ci peut ainsi se protéger de ce qu'il entend plus que des images projetées à la télévision. Le conte permet à l'enfant d'imaginer la scène à sa façon en y imposant ses propres limites. Le téléspectateur n'a pas cette liberté, il est entraîné dans des scènes inattendues, soudaines et parfois bouleversantes. Quand l'enfant sait lire, sa lecture exige un niveau d'attention et un état de vigilance qui le protègent.

Les enfants dévalent joyeusement la colline enneigée dans la cour à la garderie. Noa, 3 ½ ans, erre seul. Je l'invite à venir glisser avec moi. « Non, je veux te parler de Zelda. Elle est "comme" dans la télévision. Elle tue des pirates. Il faut que j'aie moi aussi une épée parce qu'ils reviennent tout le temps. » Noa n'est pas rassuré lorsque je lui explique que ce n'est pas pour « vrai ». Ce n'est qu'un jeu. Quand je lui dis qu'il y a papa et maman qui sont là pour le protéger à la maison et que les éducatrices seront toujours là pour lui, alors il est prêt à glisser.

Qui n'a pas joué, enfant, à se faire peur en se cachant, en hurlant, en grimaçant, tout pour surprendre l'autre et le faire frissonner. Il existe des peurs dont on se joue, des peurs fugaces qui excitent et que l'on recherche par désir de sensations. « Ce besoin de sensations, selon le guide *Mon enfant devant l'écran*, augmente avec l'âge pour atteindre un sommet à l'adolescence, puis diminue après. Il semblerait que les garçons ressentent plus souvent ce besoin que les filles[81]. »

La peur est ressentie de façon différente selon l'âge et le sexe du téléspectateur. « En général, les filles manifestent davantage [des réactions de peur] que les garçons, et plus les enfants sont jeunes, plus ils ont peur[82]. » Les plus jeunes (maternelle) se souviennent de l'acte violent diffusé dans une émission, puis ils en viennent à évoquer aussi les conséquences avant de comprendre, vers l'âge de 10 ans, les motivations de l'agresseur. Les enfants d'âge préscolaire ne distinguent pas toujours la réalité de la fiction. C'est pourquoi les créatures et monstres les effraient tant. À l'âge scolaire, les enfants se montrent particulièrement craintifs envers les nouvelles télévisées ou toute fiction se rapprochant de leur réalité. « La proximité géographique de l'endroit où le danger a eu lieu dans les images médiatiques, tant aux bulletins d'information qu'au divertissement[83] » terrifie le jeune de 8 à 12 ans, explique le guide de la Régie du cinéma.

Malgré ces craintes, petits et grands en redemandent. Chez les grands, c'est pour suivre les tendances en matière de cinéma ou d'émissions ou pour transgresser les règles sociales par personnes interposées (personnages violents ou hypersexualisés). Toutefois, à tout âge, c'est pour affronter ses peurs. Les enfants éprouvent une réelle satisfaction lorsqu'ils arrivent à affronter la peur, à la maîtriser et donc à dépasser la situation terrifiante. « [...] ils peuvent être plus forts que les géants, c'est-à-dire grandir et être eux-mêmes comme des géants et acquérir les mêmes pouvoirs[84] », disait Bruno Bettelheim au sujet des contes. Harry Potter ne réussit-il pas à vaincre ses ennemis malgré sa petite taille ? Il ne s'agit donc pas d'épargner la peur aux enfants, mais bien de les aider à la surmonter, à l'apprivoiser.

« Mais si elles sont trop grandes [les peurs], ils risquent de se sentir incapables d'y faire face et de développer une image négative d'eux-mêmes, rappelle *Mon enfant devant l'écran*[85]. »

C'est la connaissance de leur enfant qui permet aux parents de juger du niveau acceptable d'une émission ou d'un film. Clerget rappelle qu' « il existe en fait, d'un enfant à l'autre, une grande variété de sensibilité à la violence télévisuelle. Les moins vulnérables sont ceux dont le développement cognitif et affectif est le plus avancé, ceux qui sont les plus ouverts aux autres[86]. » Cette connaissance repose sur l'écoute des commentaires, des questions, des champs d'intérêt et sur l'observation de ses réactions. On observe plusieurs manifestations d'anxiété chez les enfants affectés par certaines images : agitation, sidération, accélération de la respiration, transpiration, tension musculaire. Chez les petits, on retrouve davantage des « comportements corporels d'autoprotection, note *Mon enfant devant l'écran* : se fermer les yeux, se cacher pour ne pas voir, éteindre la télé, s'asseoir sur ses parents[87] ».

Les enfants de 7 ou 8 ans utilisent souvent des stratégies pour réduire les émotions qu'ils ressentent de diverses manières : ils se disent que ce qu'ils ont vu est fictif, que ce sont des effets spéciaux ou qu'ils sont trop grands pour avoir peur[88]. Les enfants de cet âge cherchent à cacher ce qu'ils ressentent de crainte de se voir interdire la télé ou leur émission préférée. La maîtrise du langage facilite la mise à distance des émotions : mettre des mots sur les sentiments soulage. Le fait de raconter l'histoire donne du pouvoir au spectateur, qui passe du mode passif au mode actif. D'ailleurs, l'enfant heurté par des images de violence se montre sensible aux victimes. Il peut aussi devenir le maître d'œuvre des rebondissements en réinventant l'issue, en réécrivant le scénario : « Moi, je me serais sauvé en courant », « J'aurais demandé à X de m'aider ».

Les enfants plus âgés peuvent aussi agir en faisant valoir leurs compétences en tant que critiques de télé ou de cinéma. « C'est nul », « C'est impossible », « C'est pas pour les petits ». Le fait de commenter, de rejeter, de critiquer permet d'utiliser le meilleur antidote possible, la parole. Les parents peuvent aider leur enfant à rationaliser, à distinguer ce qui relève de la réalité et de la fiction, et surtout à exprimer les sentiments qui sont difficiles à identifier.

Claude Halmos décrit l'importance du rôle des parents : « La façon, en effet, dont l'enfant va pouvoir (ou non) accueillir, ressentir et exprimer les émotions qui lui adviennent ne dépend pas que de lui... En matière d'émotions, l'entourage pèse lourd[89]. » « L'enfant traite ses émotions comme ses parents lui ont appris[90]. » Vouloir soustraire l'enfant à toute source potentielle de peur, c'est le surprotéger et le placer dans une situation où il se sentira démuni. La banalisation ne sert guère mieux l'enfant. Seul avec sa peur, l'enfant se sent incompris, ou encore ne peut identifier cette réaction physiologique et psychologique de la peur. Comment y faire face quand on ne sait même pas à quoi on a affaire et que l'on ne peut évaluer la situation à sa juste mesure ?

La disponibilité, durant et après le visionnement, ainsi qu'une écoute objective et sans jugement permettent aux parents d'en constater les effets, de rassurer l'enfant d'un geste réconfortant, de favoriser l'expression des émotions ressenties et de recadrer la situation. Les activités de défoulement ludiques ou créatives peuvent aider les petits à canaliser l'agitation à la suite d'images d'action troublantes. Beaucoup d'enfants reconnaissent qu'il y a des émissions qui font peur et préfèrent les éviter.

Édouard, 7 ans, est en vacances chez ses grands-parents. Une matinée de pluie, grand-papa s'installe avec lui et zappe pour trouver un contenu convenant à son petit-fils. Le canal X propose des dessins animés. Édouard refuse ce choix : « Mon père dit que c'est pas pour les enfants, c'est pour les ados. »

Notes

1 LURÇAT, L. *La manipulation des enfants : nos enfants face à la violence des images.* Monaco : Éditions du Rocher, 2002.

2 CLERGET, S. *Ils n'ont d'yeux que pour elle : les enfants et la télé.* Paris : Fayard, 2002.

3 Ibid.

4 Citée dans *Bien Grandir*, mars 2010.

5 ROYER, N. *Le monde du préscolaire.* Montréal : Gaëtan Morin Éditeur, 2004.

6 DUMESNIL, F. *Questions de parents responsables.* Montréal : Éditions de l'Homme, 2004.

7 PAHLAVAN, F. *Les conduites agressives.* Paris : A. Colin, 2002..

8 Alliance pour l'enfant et la télévision. *Chère Télé ... ou comment regarder la télévision en famille.* Ottawa : Santé Canada, 1995. Texte sur le web : www.media-awareness.ca/francais/ressources/parents_ressources/trousse_chere_tele.cfm

9 Cloutier, R. *Psychologie de l'enfant.* Boucherville : Gaëtan Morin, 1990.Collectif Interassociatif Enfance et Média (CIEM). « Impact de la télévision sur la santé et le développement psychomoteur de tout-petits. » 2008. Texte sur le web : www.collectifciem.org/spip.php?article93

10 Société canadienne de pédiatrie. « Les répercussions de l'usage des médias sur les enfants et les adolescents ». *Paediatric Child Health* 2003 8 (5) : 311-317. Texte sur le web : www.ncbi.nlm.nih.gov/pmc/articles/PMC2792693/

11 Allard, M. « Campagne québécoise contre la télévision. » *La Presse,* 24 avril 2003.

12 Cloutier, R., *Op. cit.*

13 Myers, D.G. *Psychologie.* Paris : Flammarion, 2004.

14 Landy, S. *Pathways to Competence. Encouraging healthy social and emotional development in young children.* Baltimore : Paul H. Brookes Publishing, 2002.

15 Cloutier, R., *Op. cit.*

16 Dumas, J.E. *L'enfant violent : le connaître, l'aider, l'aimer.* Paris : Bayard, 2000.

17 Clerget, S., *Op. cit.*

18 Landy, S., *Op. cit.*

19 Myers, D.G., *Op. cit.*

20 Dumas, J. E., *Op. cit.*

21 Myers, D.G., *Op. cit.*

22 Marion. M.C. *Guidance of young children.* Prentice-Hall 1995, p. 191.

23 Dumas, J. E., *Op. cit.* p. 234.

24 *Ibid.*

25 Alliance pour l'enfant et la télévision., *Op. cit.*

26 Myers, D.G., *Op. cit.*

27 Marion. M.C., *Op. cit.*

28 Alliance pour l'enfant et la télévision, *Op. cit.*

29 Landy, S., *Op. cit.*

30 Cloutier, R.,*Op. cit.*

31 PAHLAVAN, F., *Op. cit.*

32 LANDY, S., *Op. cit.*

33 DUMAS, J., *Op. cit.*

34 ALLIANCE POUR L'ENFANT ET LA TÉLÉVISION, *Op. cit.*

35 LANDY, S., *Op. cit.*

36 CLERGET, S., *Op. cit.*

37 PAHLAVAN, F., *Op. cit.*

38 DUMAS, J., *Op. cit.*

39 LANDY, S., *Op. cit.*

40 ALLIANCE POUR L'ENFANT ET LA TÉLÉVISION, *Op. cit.*

41 WEBSTER-STRATTON, C. *Incredible Years: A trouble-shooting guide for parents of children aged 3-8.* Tubman: Umbrella Press Publication, 2000.

42 MYERS D.H., *Op. cit.*

43 PAHLAVAN, F., *Op. cit.*

44 COMMISSION SCOLAIRE DE MONTRÉAL. *Campagne pour contrer la téléviolence.* Montréal: CSM, 2003. Texte sur le web: www.fcsq.qc.ca/Dossiers/ViolenceTV/_.../guide-primaire.doc

45 ALLARD, M. « Campagne québécoise contre la téléviolence ». *La Presse*, 24 avril 2003.

46 BLIND, R. et M. POOL. *Les dangers de l'écran: enfants, famille, société et violence.* Genève: Éditions Jouvence, 2002.

47 VITARO, F. et G. GAGNON, G. *Prévention des problèmes d'adaptation chez les enfants et les adolescents. - Tome II. Les problèmes externalisés.* Sainte-Foy: Presses de l'Université du Québec, 2000.

48 BLIND, R., *Op. cit.*

49 MYERS, D.H., *Op. cit.*

50 DUMESNIL, F., *Op. cit.*

51 LANDY, S., *Op. cit.*

52 LA PRESSE CANADIENNE. « Chez les jeunes enfants, télé et agressivité sont liés ». *La Presse*, 6 décembre 2009.

53 BLIND, R., *Op. cit.*

54 LANDY, S., *Op. cit.*

55 « Les enfants abreuvés d'images violentes deviennent des adultes agressifs ». *La Presse*, 4 mars 2003.

56 MYERS D.H., *Op. cit.*

57 Duclos. G. *Les images mentales* [texte inédit].

58 Cloutier, R., *Op. cit.*

59 Pahlavan, F., *Op. cit.*

60 Cloutier, R., *Op. cit.*

61 Pahlavan, F., *Op. cit.*

62 Aubert, J.-L. *La violence dans les écoles.* Paris : Odile Jacob, 2001.

63 Landy, S., *Op. cit.*

64 Régie du Cinéma et Gouvernement du Québec. *Mon enfant devant l'écran - Un guide éducatif et préventif de la Régie du Cinéma à l'usage des accompagnateurs des enfants de 8-12 ans.* 2009. Texte sur le web : www.rcq.gouv.qc.ca/Guide_mon-enfant_fr.pdf

65 Blind, R., *Op. cit.*

66 Antier, E. *L'agressivité.* Paris : Bayard, 2002.

67 Dumesnil, F., *Op. cit.*

68 Tremblay, R. *Prévenir la violence dès la petite enfance.* Paris : Odile Jacob, 2008.

69 *Ibid.*

70 Marion, M.C., *Op. cit.*

71 *Ibid.*

72 Pahlavan, F., *Op. cit.*

73 *Ibid.*

74 Brodeur, J. *Les jeux vidéo ont des effets néfastes sur les jeunes.* Texte sur le web : http://sisyphe.org/sisypheinfo/article.php3?id_article=106.

75 Grossman, D. *Comment la télévision et les jeux vidéo apprennent aux enfants à tuer.* Genève : Éditions Jouvence, 2003.

76 Société canadienne de pédiatrie. « Les répercussions de l'usage des médias sur les enfants et les adolescents ». *Paediatric Child Health* 2003 8 (5) : 311-317. Texte sur le web : www.ncbi.nlm.nih.gov/pmc/articles/PMC2792693/

77 Pahlavan, F., *Op. cit.*

78 Clerget, S., *Op. cit.*

79 Marion, M.C., *Op. cit.*

80 Lurçat, L. *La manipulation des enfants : nos enfants face à la violence des images.* Monaco : Éditions du Rocher, 2002.

81 Régie du Cinéma et Gouvernement du Québec., *Op. cit.*

82 *Ibid.*

83 *Ibid.*

84 BETTLEHEIM, B. *Psychanalyse des contes de fées.* Paris: Robert Laffont, 1976.

85 RÉGIE DU CINÉMA ET GOUVERNEMENT DU QUÉBEC., *Op. cit.*

86 CLERGET, S., *Op. cit.*

87 RÉGIE DU CINÉMA ET GOUVERNEMENT DU QUÉBEC., *Op. cit.*

88 *Ibid.*

89 COOPER-ROYER, B. *Peur du loup, peur de tout: peurs, angoisses, phobies chez l'enfant et l'adolescent.* Paris: Albin Michel, 2003.

90 *Ibid.*

Chapitre 5

L'exposition aux images sexuellement explicites

Les effets

Même en bas âge, les enfants sont exposés à la sexualité dans les médias. La télévision, les vidéoclips, le cinéma pour adultes diffusé le soir aux canaux spécialisés et l'Internet les mettent devant des images troublantes, explicites, peu adaptées à leur développement affectif et intellectuel.

Une étude américaine[1], réalisée en 2001, constate que trois émissions sur quatre aux heures de grande écoute contiennent des références à la sexualité. La Société canadienne de pédiatrie déplore : « Entre 1976 et 1996, on a constaté une augmentation des interactions sexuelles de 270 % entre 20 heures et 21 heures, une heure d'écoute familiale. » 75 % des vidéoclips exposent des scènes de nature explicitement sexuelle[2].

La séduction sexuelle se retrouve aussi dans les émissions de téléréalité où l'exhibitionnisme télévisuel s'amuse à dévoiler des aspects intimes de la relation de couple. On devient témoin des émois, des caresses, des disputes, des rapprochements sexuels de couples qui se font et se défont. « Françoise Dolto disait qu'il fallait traiter nos enfants comme des hôtes de marque. On ne s'exhibe pas devant de tels hôtes » note Clerget[3]. Ce qui inquiète encore davantage, c'est la possibilité pour tout internaute, quel que soit son âge, d'accéder à du matériel pornographique. « C'est ainsi qu'en cherchant des "tubes", un enfant peut tomber sur les Porn Tubes, Red Tubes et autres Sex Tubes – il y en a des centaines inspirés de You Tube – qui permettent de visionner gratuitement de longs segments de films pornographiques "hardcore" qui repoussent les limites de l'imagination[4]. »

La moitié des jeunes Canadiens disent être tombés par hasard sur ce type de sites[5] et 78 % ne l'ont pas dit à leurs parents. Une étude américaine[6] abonde dans le même sens : plus de la moitié des préadolescents et des adolescents utilisateurs d'Internet auraient été involontairement exposés à de la pornographie en ligne. « Onze ans. C'est l'âge moyen auquel un enfant verra une image pornographique pour la première fois[7]. » Les auteurs de *Buffet à volonté sur le web* disent avoir interrogé des enfants qui ont commencé à consommer de la porno à 8 ans…

Caillou… pour adultes

Marie-Josée, éducatrice en service de garde, introduit dans le magnétoscope la cassette vidéo apportée par la maman de Samuel. Il s'agit d'épisodes de l'émission Caillou. Elle installe les enfants et part à la cuisine mettre au feu le dîner. Après quelques minutes, elle entend les enfants s'agiter, s'étonner du gros pénis. « Pourquoi elle crie, la madame toute nue ? Marie-Josée, j'ai peur. » Vous imaginez le malaise de la mère de Samuel lorsque Marie-Josée lui a parlé de « l'erreur ».

Il est donc justifié d'avoir des préoccupations concernant l'accès aux images sexuelles explicites ou pornographiques. On ne peut nier l'influence des premières images pornographiques sur la sexualité future. La sexologue Marie-Paul Ross[8] croit que « la pornographie est une excellente école de déviance sexuelle ; on la banalise, mais elle peut conduire à des perversions, surtout si on a du plaisir à la consommer ». Le visionnement de télé pour adultes « augmente de 33 % la probabilité de connaître une expérience sexuelle précoce, soit dès l'âge de 12 ans[9] ».

On a peu documenté les effets possibles de la consommation d'images sexuelles explicites chez les enfants. James Wright parle d'enfants égocentriques, dépressifs et caractériels[10]. L'influence de la consommation pornographique a aussi été soulevée comme un des facteurs explicatifs de la violence des jeunes hommes sur leurs partenaires[11]. Sabina, Wolak et Funkelhos[12] ainsi que Réseau Éducation Médias[13] parlent des conséquences possibles :

- Peur ;
- Gêne ;
- Dégoût ;
- Choc et surprise ;
- Culpabilité ;

- Honte ;
- Agressivité ;
- Faible estime de soi (surtout les filles). Se sentent peu attirantes comparativement aux femmes des films ;
- Sentiment d'être inadéquat devant les stéréotypes et activités sexuelles présentées ;
- Apparition d'images mentales non désirées sur ce qui a été vu ;
- Excitation sexuelle ;
- Garçons exposés à la soumission des femmes, commencent eux-mêmes à dévaloriser les femmes/filles ;
- Comportements sexuels inappropriés et précoces ;
- Confusion entre réalité et fantasmes ;
- Banalisation de la sexualité ;
- Influence sur la conception future de la sexualité et des relations humaines.

La curiosité sexuelle est naturelle. Particulièrement chez les préadolescents (9-12 ans) qui vivent peu à peu des bouleversements physiques, psychologiques et sexuels. Ils cherchent des réponses à leurs questions. Nous souhaitons tous que ces réponses ne proviennent pas de sites pornographiques ou d'images cinématographiques qui sont à des lieux d'une sexualité respectueuse.

Bisaillon et Mahler notent qu'« une minorité de parents tentent de bloquer l'accès à ces sites à l'aide de logiciels de contrôle parental[14] ». Une vaste gamme de logiciels vise à protéger les familles des sites indésirables. Par ailleurs, dans la revue *Clic. La vie* « Mieux-vivre et technologies »[15], on propose quelques sites où vous pourrez choisir le logiciel de blocage qui répond à vos besoins :

- GetNetWise.com
- Safekids.com
- Safeteens.com
- Wiwishare.com

Certains fournisseurs d'Internet offrent aussi des logiciels de filtrage. La revue suggère de faire « l'essai de moteurs de recherches conçus pour les enfants, comme Kidsclick.org, Kidsedge.com, Yahooligans.com, Ask Jeeves for Kids et Family Friendly Search.com[16] ». Cependant, certains jeunes réussissent tout de même à contourner les filtrages[17]. C'est pourquoi la première protection demeure l'encadrement et le suivi parental.

Tel-Jeunes révèle que la grande majorité des parents (16 000 en 2008)[18] qui ont eu recours à la ligne « parents » avaient constaté que leur enfant avait été exposé à des images pornographiques.

Les mesures de prévention préconisées par la Régie du cinéma[19] sont les suivantes :

- Placez l'ordinateur dans une pièce commune ;
- Discutez de ce qui est permis ou non dans l'utilisation de l'ordinateur. Limitez le temps de navigation ;
- Activez une fonction de « contrôle parental », même si cette mesure n'est pas efficace à 100 %. Elle offre tout de même des éléments de base ;

- Consultez l'historique des activités effectuées sur l'ordinateur. Exigez que l'enfant le conserve ;
- Expliquez à l'enfant que vous êtes disponible au besoin ;
- Discutez fréquemment et ouvertement avec votre enfant afin d'établir un lien de confiance.

L'escouade D.N.S. du Département de la navigation sécuritaire, qui offre de la formation dans les écoles, dans le cadre du programme « Parler, c'est grandir », met l'accent sur la communication ouverte entre les parents et les jeunes. L'enfant qui se sent écouté, qui a confiance dans le respect et la disponibilité de ses parents, risque moins de s'évader dans un monde d'images surstimulantes ou d'établir des relations virtuelles en clavardant.

La Régie du cinéma[20] et le Réseau Éducation-Médias[21] donnent des pistes aux parents dont l'enfant a été exposé à des images sexuellement explicites. Les mots-clés sont : supervision, recadrage et dialogue.

Pistes pour les parents

- Si vous surprenez l'enfant sur un site pornographique : restez calme et n'adoptez pas une attitude de réprimande.
- Évitez les jugements négatifs qui inciteraient l'enfant à ne plus se confier. Soyez à l'écoute.
- Respectez l'enfant qui ne veut pas se confier, mais encouragez-le à venir vous voir au besoin. Restez attentif.

- Voyez ce que l'enfant a compris des images qu'il a vues. Encouragez-le à mettre des mots sur ces images pour l'aider à leur donner un sens et à les partager. En effet, il est probable qu'un enfant n'associe pas automatiquement de la nudité à un acte sexuel.
- Suscitez chez l'enfant des questions sur les images vues. À qui s'adressent-elles ?
- Amenez-le à prendre conscience du fait qu'il y a de bons et de moins bons modèles transmis par les images et qu'il peut découvrir ces modèles sans même s'en rendre compte.
- Parlez ouvertement de sexualité, tout en respectant le développement psychosexuel de l'enfant. La censure peut amener l'enfant à penser que la sexualité est négative.
- Expliquez ce que sont des attitudes saines et respectueuses. Parlez de vos valeurs et de votre réalité qui s'opposent à la pornographie, parlez d'intimité et d'amour. Si cela vous convient, parlez de l'importance de la nudité pour exprimer l'amour et la sexualité, mais dans l'intimité et le respect de soi et des autres.
- Discutez des différents aspects positifs de la sexualité (affection, attachement, reproduction, plaisir) afin d'éviter le dégoût et la peur.
- Redirigez l'enfant sur des sites adéquats et reconnus qui traitent de santé et de sexualité.
- Au besoin, consultez un professionnel si l'enfant semble vivre un traumatisme ou s'il développe des comportements sexuels inadaptés.

Attention aux cyberprédateurs

Les chiffres ne mentent pas et nos enfants sont des victimes potentielles: « 24 % des enfants utilisant Internet ont suscité une attention sexuelle, plus d'un tiers de ceux qui utilisent les messageries instantanées ont reçu des propositions de rencontres et 22 % ont effectivement rencontré des personnes par ce moyen. » L'interlocuteur d'un clavardoir peut vouloir obtenir des faveurs sexuelles, se livrer à des attouchements, adopter un langage vulgaire, obscène ou violent[22]. Rima Elkouri[23], du journal *La Presse*, souligne que le phénomène est même sous-évalué, peu d'enfants et d'adolescents (10 % selon une étude américaine) signalent le leurre dont ils ont été victimes. C'est « un paradis pour pédophiles qui multiplient en un seul clic les chances de trouver une jeune proie inconnue[24] ».

D'autant plus que les enfants ne se méfient pas et échangent des renseignements personnels et même des photos en ligne. Et le portrait des cyberprédateurs peut aussi induire le jeune en erreur puisque certains auteurs présumés de leurres d'enfants sont eux-mêmes des adolescents (9 % des présumés cyberprédateurs ont moins de 18 ans ; 29 % ont de 18 à 24 ans).

Cathy Wing, spécialiste d'Internet et des moyens de communication pour le Réseau Éducation-Médias, déconseille que les jeunes s'adonnent aux clavardoirs sans supervision. Bien que les messageries instantanées soient plus sûres, les utilisateurs peuvent recevoir des messages ou des propos haineux (c'est le cas de 56 % des utilisateurs)[25].

Il existe des logiciels de restriction d'accès (voir en page 83), mais la surveillance parentale est irremplaçable. Voici quelques conseils[26,27] pour protéger les jeunes des cyberprédateurs :

- Activez la fonction « contrôle parental » d'Internet Explorer. Elle n'est pas totalement efficace, mais facile à installer et elle fournit les éléments de base requis ;
- Consultez l'historique des sites que votre enfant a visités (ou le contenu du dossier « temporaire » qui montre exactement la même chose), évitez d'informer votre enfant de l'existence de cette fonction, car il pourrait en effacer le contenu et ainsi éliminer toute trace de ses navigations ;
- Expliquez-lui que tout contenu mis sur Internet (photos, conversations, montages, etc.) peut être saisi et utilisé à d'autres fins que celles prévues, avec des conséquences qui pourraient être fâcheuses pour lui et pour son entourage (YouTube, Ton Tuyau, Ton Clip, Tag Télé, etc.) ;
- Demandez-lui de ne jamais utiliser son vrai nom et de ne pas ouvrir les courriels envoyés par des inconnus ;
- Interdisez-lui de rencontrer « un ami » d'Internet sans vous en parler au préalable ;
- Expédiez une copie des courriels choquants à votre fournisseur de service Internet.

Cyberaide (cyberaide.ca) lutte contre la criminalité envers les enfants sur Internet. On y offre de l'assistance, on traite les plaintes, on coordonne l'intervention, et ce, pour les cas de pornographie juvénile, de cyberprédation, de tourisme sexuel et de prostitution juvénile. Cyberaverti.ca conseille les utilisateurs afin qu'ils puissent bénéficier du web en toute sécurité. WebAverti est aussi consacré à la sécurité de la navigation sur Internet: www.bewebaware.ca/french.

Il fournit des conseils aux parents.

Des images qui influencent la construction de l'identité sexuelle

Une étude réalisée en 2001[28] rapporte que, bien que 84 % des comédies de situation diffusées à la télévision américaine présentent des scènes à contenu sexuel, une seule sur dix comporte des messages portant sur les rapports sexuels protégés, avec les risques et responsabilités qui y sont associés. La Société canadienne de pédiatrie s'inquiète aussi du fait que les rapports sexuels sont présentés sans risque. Elle dénonce aussi le fait que dans 50 % des scènes sexuelles, la femme est violentée.

Les auteurs de *Buffet à volonté sur le web. Enquête sur les ravages du XXX chez nos enfants*[29], ajoutent ceci: « La très grande majorité de ces représentations (pornographie sur le web) montre des rapports sexuels explicites extrêmement brutaux et très rarement consensuels. C'est comme si la douleur, la domination et la tricherie faisaient partie d'une sexualité normale. » Les stéréotypes sexuels teintent les rapports. Sur le web, les filles, selon

Jocelyne Robert, sont des « instruments[30] » et les garçons des « engins[31] » du « festin érotique[32] ». À la télévision, les filles et les femmes sont présentées sous forme de personnages « émotifs, soumis, incapables de résoudre leurs problèmes. Elles se préoccupent d'histoires d'amour et de leur apparence[33] ». Les femmes séduisantes ne sont pas de bonnes personnes. Quant aux garçons et aux hommes, ils savent prendre des initiatives et régler tous les problèmes, ils sont indépendants, ils adorent les sports, le travail et leur voiture[34]. Dans une enquête réalisée en 2000[35], il appert que beaucoup de jeux vidéo présentent une image grossière de la femme, « images corporelles irréalistes et femmes stéréotypées provocantes à la voix haut perchée qui s'évanouissent ». Par contre, de plus en plus, les femmes jouent les héroïnes sportives, fortes et intelligentes, et assurément sexy. On banalise une sexualité débridée et des stéréotypes sexuels, et on déforme la réalité à un point tel que les vrais partenaires et la vraie rencontre entre adultes risquent de paraître ennuyeux. Les enfants sont sensibles à ces images qui contribuent à leur donner une idée de ce qu'est leur rôle et ce que sont les relations sexuelles. « Certaines recherches, explique l'Alliance pour l'enfant et la télévision, montrent que les enfants qui regardent beaucoup la télévision de la prématernelle à la sixième année s'identifient fréquemment à des rôles sexuellement stéréotypés[36]. »

La sexologue Jocelyne Robert s'inquiète aussi de ces influences : « Leur identité sexuelle, aussi malléable qu'une cire chaude, se moule à ces images pour construire leur personnalité érotique et installer leur conception de ce qu'est une vraie femme, un vrai homme[37]. » Elle dénonce ce qu'elle appelle la « malbouffe érotique[38] ». « Toute cette quincaillerie fait office de normalité et d'idéal à atteindre. Aujourd'hui, on joue à la femme fatale à 8 ans. Les fillettes ne se projettent plus dans des fantasmes de mère, pas plus que dans des rêves de femme active et autonome. Maintenant, elles se projettent dans un fantasme de femme bandante[39]. » Le phénomène de l'hypersexualisation de la mode enfantine en témoigne. On les appelle la génération Lolita. Ces filles de 7 à 12 ans portent des minidébardeurs, des « strings », des soutiens-gorge avec coussinets sur une poitrine inexistante. Elles ne demandent plus de Barbie®, mais des poupées Bratz® (petite peste en anglais) et des accessoires de maquillage. Elles miment les vidéoclips en répétant les paroles avilissantes.

« On les transforme en objets de désir, alors qu'elles n'ont pas encore les moyens d'être sujets de désir », souligne le philosophe Gérard Guillot[40]. Cette confusion « enfant-adolescent » est loin d'être innocente. Il ne s'agit pas d'un simple gadget publicitaire. Non seulement le fait de répondre à tous ces désirs de consommation envoie-t-il un message de toute-puissance à l'enfant, qui obtient tout ce qu'il désire, mais plus grave encore, cette consommation de la mode « Lolita » projette une image érotisée de l'enfant. « Les enfants érotisés sont aussi des enfants consommables », avertit Roland Coutanceau, psychiatre spécialisé auprès de parents délinquants sexuels[41].

Il est bien difficile d'occulter le monde des images, mais les parents doivent s'interroger sur les modèles identitaires dont ils font la promotion, parfois sans même en être conscients, lorsqu'ils hésitent à délimiter ce qui est acceptable de ce qui est non négociable. Pour Gérard Guillot, « la consommation des apparences est un enjeu à la fois identitaire, économique et existentiel. Sans interdit et sans cadre, ces enfants errent, prisonnières du regard de l'autre pour exister[42]. » Les enfants ont besoin de leurs parents pour les aider à faire la différence entre les personnages et les personnes, entre la scène et la réalité. Il faut donc stimuler l'esprit critique des enfants en leur posant des questions, en discutant de leurs rôles. Qui fait quoi dans ce film ? Est-ce qu'une femme pourrait réaliser cet exploit ? Est-ce que tu connais des endroits où toutes les personnes sont jeunes et belles ? Comment penses-tu qu'elle se sent ? Que penses-tu de ce qui passe ?

Les jeunes de 8 à 12 ans sont en pleine construction de leur identité sexuelle et ils ont des désirs de conformité par besoin d'appartenance à leur groupe d'amis. Il est donc important que les parents valorisent l'originalité de leur enfant, leur capacité à dépasser les diktats proposés par les images, à faire leurs propres choix.

Notes

1 « Les enjeux particuliers pour les adolescents. » Texte sur le web : www.media-awareness.ca/francais/parents/television/enjeux_ados_tele.cfm

2 SOCIÉTÉ CANADIENNE DE PÉDIATRIE. « Les répercussions de l'usage des médias sur les enfants et les adolescents ». *Paediatric Child Health* 2003 8 (5) : 311-317. Texte sur le web : www.ncbi.nlm.nih.gov/pmc/articles/PMC2792693/

3 CLERGET, S. *Ils n'ont d'yeux que pour elle : les enfants et la télé.* Paris : Fayard, 2002.

4 BISAILLON, M. et I. MAHER. *Buffet à volonté sur le web : enquête sur les ravages du XXX chez nos jeunes.* Montréal : Éditions des Intouchables, 2009.

5 RÉSEAU ÉDUCATION MÉDIAS. *Les jeunes canadiens dans un monde branché.* Sondage 2001.

6 WOLAK, J., K. MITCHELL et D. FINKELHOR. « Unwanted and wanted exposure to online pornography in a national sample of youth Internet users ». *Pediatrics* 2007 119 (2) : 247-257.

7 BISAILLON, M., *Op. cit.*

8 *Ibid.*

9 *Ibid.*

10 *Ibid.*

11 VITARO, F. et G. GAGNON, G. *Prévention des problèmes d'adaptation chez les enfants et les adolescents. - Tome II. Les problèmes externalisés.* Sainte-Foy : Presses de l'Université du Québec, 2000.

12 SABINA, C., J. WOLAK et D. FINKELHOR. « The nature and dynamics of Internet pornography exposure for youth ». *CyberPsychology and Behavior* 2008 11 (6) : 691-693.

13 RÉSEAU ÉDUCATION MÉDIAS. *Impact de la pornographie sur les enfants et les adolescents.* 2009. Texte sur le web : www.bewebaware.ca/french/pornographie.html

14 BISAILLON, M., *Op. cit.*

15 « Mieux-vivre et technologies » *Revue Clic. La vie.* Septembre-octobre 2002, p. 12.

16 *Ibid.*

17 BISAILLON, M., *Op. cit.*

18 *Ibid.*

19 RÉGIE DU CINÉMA ET GOUVERNEMENT DU QUÉBEC. *Mon enfant devant l'écran - Un guide éducatif et préventif de la Régie du Cinéma à l'usage des accompagnateurs des enfants de 8-12 ans.* 2009. Texte sur le web : www.rcq.gouv.qc.ca/Guide_mon-enfant_fr.pdf

20 *Ibid.*

21 RÉSEAU ÉDUCATION MÉDIAS, *Op. cit.*

22 REVUE CLIC LA VIE, *Op. cit.*

23 ELKOURI, R. « Ne nous leurrons pas ». *La Presse*, 11 mars 2009.

24 LEDUC, L. « Un constat inquiétant ». *La Presse*, 11 mars 2009.

25 REVUE CLIC LA VIE, *Op. cit.*

26 *Ibid.*

27 RÉGIE DU CINÉMA ET GOUVERNEMENT DU QUÉBEC, *Op. cit.*

28 Les enjeux particuliers pour les adolescents, *Op. cit.*

29 Bisaillon, M., Maher, I., *Op. cit.* p. 24.

30 BISAILLON, M., *Op. cit.*

31 *Ibid.*

32 *Ibid.*

33 RÉSEAU ÉDUCATION-MÉDIAS. *Influence des stéréotypes sur les jeunes.* Texte sur le web : www.media-awareness.ca/francais/enjeux/stereotypes/aborigenes/influence_jeunes.cfm

34 *Ibid.*

35 RÉSEAU ÉDUCATION-MÉDIAS. *Jeux vidéo.* Texte sur le web : www.education-medias.ca/francais/parents/jeux_video/index.cfm.

36 ALLIANCE POUR L'ENFANT ET LA TÉLÉVISION. *Chère Télé … ou comment regarder la télévision en famille.* Ottawa : Santé Canada, 1995. Texte sur le web : www.media-awareness.ca/francais/ressources/parents_ressources/trousse_chere_tele.cfm

37 BISAILLON, M., *Op. cit.*

38 ROBERT, J. L*e sexe en mal d'amour.* Montréal : Éditions de l'Homme, 2005.

39 *Ibid.*

40 « La mode perverse des enfants femmes. » *Psychologies* Janvier 2004, p. 50.

41 *Ibid.*

42 *Ibid.*

CHAPITRE 6

L'influence des écrans sur l'apprentissage

Des écrans stimulants

Les écrans offrent un monde de possibilités aux enfants. Ils peuvent faire voyager leurs utilisateurs dans des lieux et des situations qu'ils ne pourraient explorer autrement. Jardins zoologiques, bibliothèques, musées, pays éloignés, animaux exotiques, lieux récréatifs, cultures et musiques variées : ces découvertes illimitées s'offrent aux enfants grâce aux nouvelles technologies. Le plaisir étant associé à la télévision, aux jeux vidéo ou à l'ordinateur, ils deviennent de puissants outils d'apprentissage. Dans la revue *Bien Grandir*, Marie Charbonniaud rappelle que « la télévision peut être utilisée comme catalyseur pour amener les enfants à lire, en approfondissant un sujet à l'aide de livres[1] ». Quant aux jeux vidéo, nombreux leur attribuent des avantages, notamment une contribution au développement de la motricité fine[2], de la coordination (œil-main)[3,4,5,6], de la rapidité d'exécution et de la mémoire[7,8]. Les labyrinthes améliorent les capacités de repérage dans l'espace[9] ; quant aux jeux de stratégies, ils font appel à la résolution de problèmes[10,11], à la prise de décision rapide[12] et à la gestion simultanée de plusieurs tâches[13]. « Il est intéressant de familiariser l'enfant avec le monde informatique durant la période préscolaire : l'enfant apprend à déplacer le curseur à l'écran et il découvre les rudiments de l'ordinateur », souligne pour sa part Francine Ferland[14].

Cloutier et Renaud reconnaissent aussi des aspects positifs à l'utilisation de l'ordinateur : « Il y a un consensus quant au potentiel éducatif de l'ordinateur. Il peut devenir le tuteur le plus patient, offrir une rétroaction fidèle et compétente aux essais et erreurs de l'enfant, lui offrir un contexte agréable et motivant d'acquisition de concepts où il est invité à interagir, à relever des défis et à créer, tout en suivant son propre rythme[15]. » Le phénomène des écrans est là pour durer et évoluer et, par conséquent, pour transformer et influencer les enfants. « Nous savons maintenant que toute expérience modifie le cerveau humain. Le contact avec les médias électroniques ne fait pas exception », affirme Normand Doidge[16] ». « De nouvelles formes de pensée et de comportements sont en train de naître sous nos yeux[17]. »

Si on prend en considération la neuroplasticité du cerveau (reconfiguration continue) et le fait qu'il quadruple son poids dans les quatre premières années de vie, il devient impérieux de se pencher sur les influences possibles des écrans sur le développement cognitif de l'enfant. D'autant plus que ces écrans visent les enfants au berceau : chaînes de télévision pour bébés, Baby T.V. (2005), Baby First (2007) et Yoopa (2010), Télétoon (nouveaux programmes pour les 2-5 ans) et Vrak.tv qui s'adresse aux jeunes enfants, sans oublier les cédéroms pour les petits et l'évolution annoncée des jeux vidéo éducatifs.

Environ 99 % des jeux vidéo sont purement ludiques, mais la tendance va dans le sens du développement de jeux aux visées éducatives qui « amèneraient les jeunes à s'intéresser aux sciences et à l'histoire[18] ».

Écrans pour bébés surdoués

Les chaînes de télévision pour bébés sont très à la mode auprès des parents, car elles prétendent favoriser le développement des petits. Durant la petite enfance, l'apprentissage doit être actif et exploratoire, ce que Piaget appelle la conquête active. Les bébés traversent une période dite sensorimotrice. Pour se développer, ils ont besoin d'interagir de façon multisensorielle, avec leur corps tout entier. Bouger, toucher, sentir, goûter, manipuler, empiler, faire dégringoler, lancer et ainsi se rendre compte qu'il faut agir sur l'environnement et que tout ce qui les entoure a des caractéristiques distinctes. Lorsqu'ils manipulent un objet, leurs sens en éveil s'imprègnent de la texture et du poids de cet objet, ils découvrent la facilité ou la difficulté de l'empoigner. Ils goûtent les choses, ils les lancent parfois et ils en viennent à les reconnaître au plan sensoriel. En se déplaçant avec les objets, ils mobilisent leurs grands muscles, ils placent les choses les unes sur les autres, dessous, dessus, dedans, ils pratiquent ainsi la préhension et la coordination. Ils comparent par expérimentation. Ils apprennent le monde par le jeu. Trop de télé les prive de toutes ces sources de stimulations. Selon L. Lurçat, « l'immobilisation prolongée du jeune enfant devant l'écran peut constituer un frein ou un obstacle à l'établissement des liaisons interfonctionnelles qui combinent la perception visuelle et la préhension[19] ».

La psychologue américaine Sarah Landy relate les travaux d'Anderson et Evans[20] selon qui l'écoute télévisuelle nuit au développement si elle remplace le jeu avec des jouets. D'ailleurs, l'image télévisuelle est à deux dimensions, la réalité s'orchestre à trois dimensions. Le jeu permet l'accumulation des expériences et favorise l'intégration des connaissances acquises par les sens et le mouvement. Le jeu peut même être interrompu par un téléviseur dans la pièce où se trouve le petit, qu'il s'agisse d'une émission adaptée à son niveau de compréhension ou non[21]. L'enfant perd alors une occasion de faire des liens entre ses gestes, ses signaux sensoriels et son activité. D'ailleurs, son intérêt pour les choses repose d'abord et avant tout sur les échanges avec des personnes qui comptent pour lui. Le bébé a besoin qu'on lui montre les choses pour qu'elles deviennent intéressantes. En empiétant sur le temps de jeu, le petit écran nuit à l'activité exploratrice du milieu, si essentielle au développement et cela peut perturber le langage à ses débuts. Toujours selon Lurçat, « l'association du langage et des activités de l'enfant est nécessaire, non seulement pour son développement harmonieux, mais également pour l'acquisition du langage descriptif, car le langage fait corps avec l'activité, il en est un aspect important[22] ». Pour apprendre, le petit a besoin d'échanges : « Le lien avec les membres de la famille permet à l'enfant de s'imprégner du langage dans ses rapports avec les actes de la vie, car les mots sont associés aux situations et aux gestes quotidiens : c'est le langage de l'action[23]. » L'écran donne de l'information si l'enfant écoute et si le niveau de langage utilisé est adapté, mais il ne répond pas. Comme il est triste de voir un petit qui appelle son personnage favori en s'adressant à l'écran indifférent !

La télévision peut aussi devenir une pollution sonore, car elle couvre les bruits familiers. Or, l'écoute attentive des sons émanant des activités domestiques et la discrimination des mots prononcés par les personnes de l'entourage sont des éléments essentiels pour le développement du langage du bébé. Lorsque son papa et sa maman identifient l'origine d'un bruit, le nomment, ils peuplent son monde de découvertes. Ses habiletés auditives peuvent alors se développer. Si l'environnement sonore est dépollué, il devient porteur de sens.

L'orthophoniste Sylvie Desmarais déplore cette pollution : « La télévision peut devenir un bruit de fond qui nuit à nos habitudes d'écoute, et par le fait même, de compréhension[24]. » Et que penser des DVD d'éveil pour les bébés ? « Il n'y a aucune preuve que ces DVD sont bénéfiques. Au contraire, les études suggèrent qu'ils sont plutôt nuisibles[25] », affirme le docteur Christakis du Centre de recherche sur la santé et le développement des enfants, centre rattaché à l'Hôpital pour enfants de Seattle.

Les bébés exposés à ce type de stimulations prononcent à 18 mois moins de mots que ceux qui n'y sont pas exposés. Christakis et Zimmerman, de l'Université de Seattle, concluent que les nourrissons qui ont été placés devant un DVD d'éveil cognitif voient leur capacité linguistique ralentir à raison de 8 à 16 mots de moins que ceux ne l'ayant pas regardé[26]. Pour s'assurer qu'il s'agit de bonnes émissions, bien adaptées au bébé, les mêmes chercheurs ont comparé les effets de DVD et de vidéos dits spécialisés pour bébés, d'autres s'adressant aux adultes, des émissions de divertissement et, enfin, d'autres à vocation éducative. Ils ont découvert que les émissions dites adaptées n'avaient pas plus d'effets positifs sur le développement du langage que celles ne s'adressant pas spécifiquement aux tout-petits. En revanche, ils associent, comme bien des spécialistes, le fait de lire ou de raconter une histoire à une habileté linguistique importante.

Ce sont là des raisons qui expliquent les recommandations de Serge Tisseron, spécialiste des effets des écrans sur les enfants : pas d'écran avant l'âge de 3 ans[27]. Quant à l'American Academy of Pediatrics, elle recommande d'éviter la télévision avant l'âge de 2 ans. Et la Société canadienne de pédiatrie ? Écoute d'une heure maximum pour les enfants d'âge préscolaire.

Apprendre par écran interposé lorsqu'on a de 2 à 5 ans

Le principe selon lequel trop de télé nuit à l'apprentissage par le jeu s'applique aussi aux enfants d'âge préscolaire.

Les enjeux reposent sur la trame développementale. En effet, avant 6 ans on observe l'émergence de la pensée symbolique, qui est possible grâce à la représentation mentale. Autrement dit, l'enfant se représente intérieurement les objets, même lorsqu'ils sont absents. Il se fait une image mentale des choses et des situations familiales, il se souvient de leurs caractéristiques grâce à sa mémoire. Grâce aux jeux symboliques ou aux jeux de « faire-semblant », il imite et apprivoise la réalité au gré de ses désirs et de ses fantaisies. La bouteille d'eau vide devient un biberon, le contenant se transforme en berceau, les deux boîtes de papiers mouchoirs deviennent des chaussures sur les pieds de l'astronaute en herbe ou des patins sur ceux du hockeyeur de 3 ans.

Ces jeux se complexifient de plus en plus et ressemblent parfois à du théâtre puisque les enfants y mettent en scène des actions successives reliées entre elles.

Le Chevalier Tristan

Tristan, Gabriel et Julie sont en train de mettre en scène une histoire de chevalier, de dragon et de princesse. Tristan doit affronter Gabriel qui, comme lui, convoite le rôle du chevalier. Quant à Julie, elle sera la princesse du château et elle ordonne la mise à mort du dragon. En jouant à « faire semblant », ils deviennent maîtres de leur monde imaginaire. Ils recréent la réalité et la corrigent en fonction de leurs désirs. Ainsi, le preux chevalier, si courageux devant le dragon, arrive à maîtriser symboliquement sa peur du chien du voisin. Ensemble, ils prévoient la suite des choses : poursuivre le dragon, le menacer et le pourfendre afin de libérer la princesse de son donjon.

« Tous les chercheurs et spécialistes en éducation spécialisée s'entendent pour dire que l'image mentale est essentielle à l'intégration et à la conservation des apprentissages, souligne Germain Duclos. Ces images sont la base de toute la vie imaginaire, de la créativité et de l'apprentissage, des choses les plus simples aux plus complexes[28]. » On reconnaît donc l'imaginaire du jeune enfant comme une composante majeure de son développement puisque les jeux symboliques sont fondamentaux dans la construction de sa pensée. Le spectacle télévisuel laisse-t-il de la place à cette activité symbolique ? Difficilement si l'enfant est submergé d'informations factuelles, s'il dévore des émissions où les événements se succèdent rapidement. Il est difficile pour lui d'intégrer tous les faits, de se les remémorer, de se faire une idée juste de ce qu'il vient de voir. Il ne peut revenir sur une scène pour mieux la comprendre et s'en faire une image mentale alors que ce retour est possible avec le magnétoscope. Si sa consommation télévisuelle rogne du temps de jeu, elle nuit à son développement. Par contre, si l'enfant bénéficie de temps de transition entre les programmes télévisés, moments qu'il pourra consacrer au jeu, à des activités artistiques ou à la rêverie, et si on lui offre de regarder des émissions au rythme plus lent, on lui permet alors de nourrir son imaginaire et de développer sa créativité.

Pour Francine Ferland, « la créativité repose sur l'imagination, qui en est le fondement. L'enfant créatif se sent moins dépourvu devant l'imprévu : quand la raison n'a pas de réponse, la créativité prend la relève[29] ».

« La créativité, poursuit-elle, ouvre la voie à la pensée divergente, soit la capacité à envisager différents points de vue dans une situation donnée… et d'imaginer un grand nombre de solutions à un problème[30]. » En s'amusant à des jeux symboliques, l'enfant produit en pensée une suite logique d'actions en se basant sur sa mémoire pour retrouver des souvenirs d'un conte ou d'un film, qu'il modifie ensuite selon ses désirs, puis il les organise dans le temps et dans l'espace. Il transforme un rouleau de papier en épée, un bout de carton en château. Ces images mentales lui permettent ensuite de conserver en mémoire des informations sans appui sensoriel, en l'absence de l'objet ou de la personne. Plus l'enfant utilise des signifiants (par exemple, deux boîtes de carton représentant des patins), plus il lui sera facile à l'école de comprendre que les lettres et les chiffres sont aussi des signifiants, c'est-à-dire des signes qui donnent accès à la lecture, à l'écriture et aux mathématiques. De plus, les jeux symboliques favorisent le développement de la flexibilité cognitive, qui est essentielle à l'apprentissage.

Plus tard, lorsque l'enfant entrera à l'école, les images mentales lui permettront de mémoriser et d'intégrer les notions vues en classe. Abreuvés d'images toutes faites, d'émissions de télévision, de jeux vidéo ou de programmes d'ordinateur, certains enfants éprouvent de la difficulté à écouter un conte sans voir d'illustrations. Pourtant, il y a tant d'images derrière leurs yeux, comme celles qui jaillissent quand, couchés dans le noir, ils écoutent une voix leur raconter une dernière histoire avant de dormir.

Grâce aux jeux symboliques, les enfants ont la possibilité de créer leurs propres images, et ces images sont nécessaires aux représentations liées aux tâches scolaires.

Un autre aspect préoccupe les spécialistes quant aux effets des médias électroniques sur les enfants : ce sont les problèmes d'attention. « Une bonne attention est la porte d'entrée des images mentales[31] », explique Germain Duclos, et cela est intimement lié à l'apprentissage. L'attention dépend de nombreux facteurs et on ne peut attribuer aux seuls écrans sa variabilité. Elle dépend de l'âge. L'attention est aussi fonction du degré de compréhension du contenu et de l'intérêt que l'enfant y porte. On a fait quelques observations à cet égard. Ainsi, les plus jeunes accordent davantage d'attention aux dessins animés, aux personnages fictifs, à la présence de femmes et d'enfants et aux mélodies[32].

Le langage télévisuel peut aussi déclencher un surcroît d'attention momentané : Catherine Dubé note que « ces enchaînements de flashs et de gros plans, agrémentés d'une hausse brusque du volume sonore, déclenchent ce que les spécialistes appellent une “réponse d'orientation”... Pendant quelques secondes, l'événement capte entièrement notre attention[33]. » La réponse d'orientation suscitée par la succession de stimuli à un rythme effréné n'appelle pas l'effort volontaire nécessaire pour s'attarder à un ou à plusieurs éléments. Alors que jouer impose des efforts intellectuels pour persévérer, se maîtriser et aménager son espace de jeux, la télévision susciterait davantage des réponses d'attention rapides et non soutenues.

Le professeur Christakis a découvert que les enfants de moins de 3 ans qui avaient écouté la télévision quotidiennement voyaient augmenter le risque de développer des troubles de l'attention à l'âge de 7 ans[34]. Selon ces recherches, les risques augmentent de 10 % pour chaque heure d'exposition. La question est toujours la même : qui sont ces petits qui se gavent de télé ? Certains disent qu'il s'agit des plus distraits, d'autres prétendent qu'il s'agit d'enfants en manque de présence parentale ou d'enfants présentant des troubles déficitaires de l'attention, d'enfants hyperactifs dont seule la télévision calme l'agitation. On peut aussi se demander quels étaient les contenus des émissions regardées par les 2600 enfants ayant fait l'objet de cette recherche. Il semble que les émissions éducatives au rythme plus lent n'ont pas d'effet négatif sur la capacité d'attention des enfants.

La télévision exerce un réel pouvoir sur l'enfant, elle capte son attention, mais une fois atteint le seuil de saturation (20 minutes pour un enfant de 4 ans), c'est la fonction hypnotique qui prend le relais. Certains parents nous disent qu'ils hésitent alors à rompre le charme. Ils ne veulent pas déranger l'enfant, si concentré. Pourtant, n'oublions pas que l'attention de l'enfant est en partie tributaire des adultes. Si le parent accorde lui-même son attention à une émission qu'il juge adaptée à son âge, l'enfant s'y attardera et captera bien l'information. Si le parent se montre indifférent, laisse le téléviseur allumé pendant de longues périodes, l'enfant regardera passivement tout en se privant de réelles occasions d'apprentissage.

La surconsommation télévisuelle, en considérant l'écoute indirecte ainsi que les émissions au rythme saccadé et rapide, est donc un facteur perturbant pour le développement cognitif de l'enfant d'âge préscolaire. Le psychanalyste Serge Tisseron[35] recommande de ne pas soumettre l'enfant plus d'une heure par jour à la télé et de ne pas le laisser utiliser une console vidéo avant 6 ans. Rappelons que l'American Academy of Pediatrics et la Société canadienne de pédiatrie conseillent de limiter l'écoute télévisuelle à une ou deux heures par jour pour les enfants de 2 ans et plus.

Il est heureux de constater que la moyenne d'écoute des petits Québécois semble respecter les balises proposées par la Société canadienne de pédiatrie. En effet, une étude[36] faite auprès de 1300 enfants de 2 ½ ans a révélé qu'ils regardaient en moyenne neuf heures de télé par semaine, soit moins que la dose maximale de 14 heures.

L'écran et l'école font-ils bon ménage ?

L'écran favorise le développement de certaines facultés intellectuelles, mais dans quelle mesure peut-il influencer l'apprentissage scolaire ? Certains[37,38,39] dénoncent la difficulté qu'ont les télémaniaques des émissions à sensations fortes de développer un esprit critique et une pensée conceptuelle, tant ils sont entraînés passivement dans une succession de scènes rapides : « Prisonniers de vues à court terme, dénués d'arrière-plan culturel, suspendus dans l'immédiat et le superficiel, ils sont incapables de compréhension en profondeur », soulignent Blind et Pool[40].

Il ne s'agit pas de jeter le bébé avec l'eau du bain. Ce qui est remis en cause, c'est bien – encore et toujours – la consommation excessive des émissions regardées sans supervision parentale et celles qui bousculent le rythme de compréhension de l'enfant. Nous parlons ici d'émissions où le rythme ne permet pas à l'enfant de réfléchir, d'imaginer d'autres issues, de faire des liens entre les éléments, de développer de nouvelles stratégies, d'anticiper les séquences et même parfois le dénouement. Ce sont des processus mentaux qui contribuent à la réussite scolaire puisqu'ils soutiennent la poursuite des buts et la méthode de travail.

Certaines études dévoilent que la télévision peut compromettre la réussite. Pour la Société canadienne de pédiatrie, « des études récentes et bien documentées révèlent qu'une période quotidienne de seulement une à deux heures à regarder la télévision sans supervision a des effets néfastes sur le rendement scolaire des enfants et surtout en lecture[41] ». Carolyn Webster-Stratton, professeure à l'Université de Washington, s'inquiète aussi du temps de lecture retranché par la télévision et elle l'associe à de moins bonnes habiletés en lecture. Par ailleurs, une étude néo-zélandaise[42] rapporte que les individus téléphages durant l'enfance se sont avérés les moins scolarisés de la cohorte. Cependant, le livre et la télévision ne sont pas des ennemis jurés. Il semble que les jeux vidéo ont plus d'impact sur la lecture que la télévision et même les ordinateurs. « Quelque 27 % des joueurs de jeux vidéo les plus accros ont admis qu'ils n'avaient rien lu au cours des trois derniers mois, contre 17 % des jeunes qui avaient utilisé un ordinateur et 15 % de ceux qui avaient regardé la télé[43]. » L'auteur de cette étude émet l'hypothèse que les garçons auraient un moins bon rendement scolaire au secondaire que les filles parce qu'ils sont plus amateurs de XBox® et de Play Station®. En effet, dans certaines familles, la télé s'avère chronophage et gruge du temps d'études ; mais le goût et l'habitude de la lecture se développent bien avant l'entrée à l'école. Les livres devraient faire partie de l'environnement dès la première année de vie.

Certaines émissions qui s'adressent aux petits d'âge préscolaire visent cet éveil à la lecture[44]. Dès les premières années de vie, l'alphabétisation émergente comporte plusieurs aspects qui doivent être stimulés, comme l'intérêt pour le matériel écrit, la manipulation et la reconnaissance des sons des mots (conscience phonologique), la compréhension des mots parlés et le fait de reconnaître des lettres. Il serait donc très réducteur d'attribuer le blâme uniquement aux écrans lorsqu'on aborde la question des compétences en lecture, cette dimension essentielle du rendement scolaire.

Une étude récente[45] aborde l'effet de la télévision sur les résultats en mathématiques : « Les chercheurs ont observé, parmi les enfants de 2 ½ ans qui en regardaient davantage, des difficultés en mathématiques quand ces enfants sont arrivés en quatrième année du primaire. Ces difficultés étaient directement proportionnelles au temps passé devant l'écran : une baisse de 6 % des résultats scolaires pour chaque heure de télé supplémentaire, par rapport à la moyenne hebdomadaire de neuf heures. » Certains organismes ont exprimé des réserves, notamment l'Alliance pour l'enfant et la télévision (AET) et le Groupe de recherche sur les jeunes et les médias (GRJM). Outre des questions de méthodologie qui ont été soulevées, on peut d'abord se demander quel était le contenu des émissions préférées des enfants puisque l'influence fluctue au rythme du langage télévisuel. Les parents supervisaient-ils l'écoute des enfants ? Ou, au contraire, la télé fonctionnait-elle en bruit de fond dans la pièce où l'enfant se trouvait ? Comme le soulève l'Alliance pour l'enfant et la télévision, « le résultat des statistiques indique surtout que le contexte familial et le niveau d'instruction de la mère ont une incidence autrement importante que l'écoute de la télévision[46] ». Il aurait donc fallu connaître la présence ou l'absence de liens entre le niveau de scolarité de la mère et les fluctuations de rendement en mathématiques.

Les recherches portant sur la surconsommation télévisuelle et le rendement scolaire demeurent pertinentes, mais elles sont complexes puisque plusieurs facteurs peuvent compromettre celui-ci. Que l'on pense à la motivation des enfants à faire leurs devoirs, le soir, motivation affaiblie par l'écoute de quatre heures et plus de télévision par jour, ou encore à la baisse de motivation suite à l'ennui ressenti en classe : « Le système télévisuel s'articule autour du show, du spectacle. L'enfant attend qu'autour de lui tout soit présenté en termes de spectacles, faute de quoi rien ne l'accrochera. Le travail de l'examen scolaire se vit sur la base d'un tout autre système, celui de la répétition, celui de la concentration, de l'attention sur un même sujet[47]. » On peut aussi évoquer le rôle du petit écran dans le manque d'activité physique qui agirait pourtant de façon favorable sur la mémoire, la concentration et la durée d'attention . Toutefois, on ne peut en aucun cas isoler l'étude du rendement, qu'elle soit analysée avec la lorgnette télévisuelle ou non, du contexte familial, de l'environnement médiatique, éducatif, scolaire et de la motivation intrinsèque de l'élève.

L'utilisation de l'ordinateur fait de plus en plus partie de l'environnement matériel et humain dans l'éducation. Son très grand potentiel d'application et la diversité didactique qu'il offre peuvent faciliter l'apprentissage chez de nombreux enfants. Il ne doit pas déshumaniser la classe, mais plutôt servir d'outil pédagogique dont l'usage est agréable pour les enfants. L'ordinateur informe, l'enseignant forme. Les enfants ont besoin de ce dernier pour trier, classifier, chercher et développer leur sens critique et un esprit de synthèse. L'autoroute de l'information circule vite et dans bien des sens, alors il faut savoir s'orienter et parfois se tracer un trajet sans lui.

Notes

1 CHARBONNIAUD, M. « Télévision, ordinateurs, jeux vidéo ». *Bien Grandir*, mars 2010. Texte sur le web: www.biengrandir.org/html/documents/BGweb_mars2010_dossier.pdf

2 SOCIÉTÉ CANADIENNE DE PÉDIATRIE. « Les répercussions de l'usage des médias sur les enfants et les adolescents ». *Paediatric Child Health* 2003 8 (5) : 311-317. Texte sur le web : www.ncbi.nlm.nih.gov/pmc/articles/PMC2792693/

3 Charbonniaud, M., *Op. cit.*
4 Société canadienne de pédiatrie, *Op. cit.*
5 Desbrosses, S. *Wii Thérapie, rééducation ludique.* www.psychoweb.fr/news/reflexions-d-actus/363-wii-therapie-reeducation-ludique.html.
6 Ferland F. *Et si on jouait? Le jeu chez l'enfant de la naissance à 6 ans.* Montréal: Éditions de l'Hôpital Sainte-Justine, 2002.
7 Charbonniaud, M., *Op. cit.*
8 Ferland F., *Op. cit.*
9 Wii Thérapie, *Op. cit.*
10 Charbonniaud, M., *Op. cit.*
11 Wii Thérapie, *Op. cit.*
12 *Ibid.*
13 *Ibid.*
14 Ferland F., *Op. cit.*
15 Cloutier, R. *Psychologie de l'enfant.* Boucherville: Gaëtan Morin, 1990. Collectif Interassociatif Enfance et Média (CIEM). Impact de la télévision sur la santé et le développement psychomoteur de tout-petits. 2008. Texte sur le web: www.collectifciem.org/spip.php?article93
16 Dubé. C. *Québec Sciences*, Août-septembre 2010, p. 15.
17 Blind, R. et M. Pool. *Les dangers de l'écran: enfants, famille, société et violence.* Genève: Éditions Jouvence, 2002.
18 Sauvé, M.R. «Les jeux vidéo seront-ils un jour éducatifs.» *Forum*, 26 avril 2010, p. 5.
19 Lurçat, L. *La manipulation des enfants: nos enfants face à la violence des images.* Monaco: Éditions du Rocher, 2002.
20 Landy, S. *Pathways to Competence. Encouraging healthy social and emotional development in young children.* Baltimore: Paul H. Brookes Publishing, 2002.
21 Dubé. C., *Op. cit.*
22 Lurçat, L., *Op. cit.*
23 Lurçat, L., *Op. cit.*
24 Desmarais, S. *Guide du langage de l'enfant de 0 à 6 ans.* Montréal: Éditions Quebecor, 2010.
25 Dubé. C., *Op. cit.*
26 Christakis D.A. et F.J. Zimmerman. *The Elephant in the Living Room: Make television work for your kids.* New York: Rodale Books, 2006.
27 Tisseron, S. *Les dangers de la télé pour les bébés – Non au formatage des cerveaux.* Toulouse: Éres, 2009.
28 Duclos, G. *Les images mentales.* [texte inédit].

29 FERLAND, F. *Raconte-moi une histoire.* Montréal: Éditions du CHU Sainte-Justine, 2008.

30 *Ibid.*

31 DUCLOS, G. *Les images mentales.* [texte inédit].

32 CLERGET, S. *Ils n'ont d'yeux que pour que elle: les enfants et la télé.* Paris: Fayard, 2002.

33 DUBÉ. C., *Op. cit.*

34 CHRISTAKIS, D.A. « Early television exposure and subsequent attention problems in children. » *Pediatrics* 2004 113 (4): 703-713.

35 TISSERON, S., *Op. cit.*

36 DUBÉ, C., *Op. cit.*

37 WEBSTER-STRATTON, C. *Incredible Years: A trouble-shooting guide for parents of children aged 3-8.* Tubman: Umbrella Press Publication, 2000.

38 BLIND, R., *Op. cit.*

39 LAFARGUE, G. « Les enfants de la télé ». *Cahiers Saint-Raphaël* mars 2003, n°. 70. Texte sur le web: www.salve-regina.com/Famille/enfants_tele.htm

40 BLIND, R., *Op. cit.*

41 SOCIÉTÉ CANADIENNE DE PÉDIATRIE, *Op. cit.*

42 *Revue Psychologues.* Janvier 2007, p. 53.

43 Texte sur le web: www.yoopa.ca/loisirs/article/le-livre-ou-lecran.

44 Le programme *Jeux d'enfants – Apprendre avec toi* (traduction du programme Learning Games de l'Abcederian). *Ali: activités de lecture interactive. Toup 'ti litou*: programme d'éveil à la lecture et à l'écrit. *Éveiller l'enfant: de la naissance à l'école.*

45 DUBÉ, C. in l'Étude de Linda Pagani, professeur à l'école de psychoéducation de l'Université de Montréal. Mai 2010.

46 ALLIANCE POUR L'ENFANT ET LA TÉLÉVISION. *Chère Télé ... ou comment regarder la télévision en famille.* Ottawa: Santé Canada, 1995. Texte sur le web: www.media-awareness.ca/francais/ressources/parents_ressources/trousse_chere_tele.cfm

47 LAFARGUE, G., *Op. cit.*

Chapitre 7

L'impact des écrans sur les relations familiales

Hier et aujourd'hui

Lorsque j'étais enfant, nous nous réunissions en famille le dimanche soir pour regarder notre émission favorite. J'aimais ce rituel alimenté des commentaires de chacun. Ma mère terminait rapidement la vaisselle, mon père s'installait confortablement dans son grand fauteuil, après avoir replié son journal, et mon petit frère parvenait miraculeusement à arrêter de bouger pendant une heure. C'était un moment béni où, ensemble, on riait et on rêvait de voyages et d'exploits.

Aujourd'hui, la télé est devenue une parente. Dans bon nombre de familles, elle est allumée en permanence. Elle comble l'espace sonore et à l'occasion attire le regard. Cette télé « radio », aux dires de S. Desmarais, « constitue un élément distrayant qui gêne la communication entre les personnes[1] ». L'enfant est attiré par les mouvements, les couleurs et les bruits soudains. Le langage télévisuel s'articule davantage par les images que par les mots et les phrases.

Clerget souligne que « les petits d'hommes grandissent plus longuement dans un bain de langage télévisuel que dans le bain de langage de leurs parents[2] ». On peut déplorer la pratique qui consiste à laisser la télé allumée pendant les repas. La famille silencieuse ou distraite par la boîte à sons perd une occasion quotidienne de signifier à chacun de ses membres qu'il vaut la peine d'être écouté. De plus, l'enfant devrait être attentif à ce qu'il mange, aux plaisirs et aux découvertes sensorielles reliés à la nourriture. Son rapport à la nourriture devrait lui permettre de reconnaître le moment où il est repu, ainsi que ce qu'il désire au-delà du gavage calorifique.

> Nahla a 20 mois. C'est une enfant enjouée très active et une grande exploratrice. Cependant, avec elle les repas sont un réel supplice pour toute la famille, particulièrement lors des invitations chez des amis. Elle refuse de manger d'elle-même, tourne la tête et hurle lorsqu'on lui tend la cuillère. Ses cris et ses pleurs cessent lorsqu'on la nourrit devant la télévision ; absorbée par l'écran, elle gobe passivement ce qu'on lui propose.

La « télé-nounou »

Au-delà de cette « télé-compagne » qui siège parmi nous, omniprésente, il y a aussi la « télé-nounou ».

Dans une enquête[3], 21 % des parents ont avoué que la télévision leur servait de gardienne d'enfant, une garantie de tranquillité quand ils se reposent ou s'affairent à des tâches ménagères ou à du travail de bureau. Certains utilisent le petit écran comme somnifère. Le bébé fatigué par la tension du regard orienté vers l'écran[4] finit par s'endormir ou devient ennuyé par des images qui n'ont pas de sens pour lui ; alors, il s'assoupit.

En effet, « un bébé (de 6 mois à 2 ½ ans) de cet âge, souligne Tisseron, placé deux heures devant un écran, n'est présent à ce qu'il voit que 10 % du temps[5] ». Avec toutes ces chaînes dites adaptées aux bébés, les parents pensent stimuler adéquatement leur petit. La télé devient alors non seulement une alliée pour le parent épuisé, mais aussi un argument de taille pour s'en servir comme gardienne éducative. L'enfant immobile devant l'écran est profondément seul. On peut le voir sourire à un personnage à l'écran ou encore émettre une vocalise, mais qui lui répond ?

Quand la mère ou le père échange avec le bébé, ils répondent à ce sourire en lui souriant, en lui parlant, et le bébé est ainsi encouragé à poursuivre l'interaction ou il peut décider de l'interrompre. Ce « ballet vocal[6] » ne se danse que si les partenaires sont disponibles et sensibles aux mouvements de l'autre. À travers les échanges réciproques et à tour de rôle, le bébé s'initie à la communication. De plus, les interactions chaleureuses et sensibles entre le petit et ses parents contribuent à créer de l'attachement, pilier du développement.

Gauthier, Fortin et Jeliu expliquent que « les images que l'enfant se fait du monde se construisent grâce aux relations avec les parents au cours des premières années. Elles auront une influence déterminante sur son devenir comme être autonome et personne sociale, ainsi que sur ses capacités d'affronter les stress nécessaires de la vie quotidienne au cours de son développement[7]. » L'Institut canadien de la santé mentale ajoute que ces premiers liens sont la source principale de développement des parties du cerveau où siègent les fonctions affectives et sociales. Considérant que le cerveau perd ce qu'il n'utilise pas, il faut donc soustraire tout élément intermédiaire pouvant nuire à la création de ces liens, essentiels au développement de la personne.

« La seule interaction possible passe par le vis-à-vis : regarder l'enfant, lui parler, faire des bruits de bouche, des mimiques, voilà ce qui le mobilise et le réjouit et non pas d'être, à côté de lui, une sorte de "voix off" à l'écran[8] », rappelle Tiseron. Le face-à-face permet les ajustements de l'adulte au bébé, cela lui offre la satisfaction d'agir sur l'échange et l'initie au plaisir de l'interaction et à la réalité de l'interlocuteur.

Voilà pourquoi la « télé-compagne » nuit à la relation : elle distrait la maman de son poupon. La parente télé dilue l'attention chaleureuse de la maman, elle-même distraite par les personnages du téléroman. Le sein nourrit le corps du bébé, mais la tendresse n'alimente pas cette rencontre intime. La télé pour bébés inquiète, car elle peut s'interposer dans les liens fondateurs. En aucun cas, nous ne devons lui laisser l'occasion de se substituer au milieu humain, le seul à répondre au besoin d'amour et de relations de l'enfant.

L'écoute en famille

Toutefois, on peut argumenter qu'avec les enfants plus âgés, la télévision peut susciter des discussions familiales pendant ou après le visionnement, qu'elle procure des sujets auxquels la famille ne se serait pas intéressée sans la présentation de l'émission. L'écoute en famille procure alors un moment agréable, puisque les parents sont détendus, disponibles et parfois même enlacés à leurs enfants. Cependant, l'ensemble de « ces éléments nous montre un potentiel relationnel inestimable malheureusement peu exploité[9] », soulignent Caron et Meunier. En effet, les études le démontrent : en famille, on se retrouve « ensemble comme si on était seul[10] ».

Seul en famille

Une famille s'est réunie au restaurant pour célébrer l'anniversaire de la doyenne. La tablée comporte une quinzaine de convives. Devant une petite fille de près de 20 mois, on a installé un petit écran. Durant tout le repas, l'enfant immobile regarde un film tandis que, devant elle, la vie familiale se déroule. On y voit la joie de recevoir des cadeaux, celle d'en offrir, les échanges entre frères et sœurs, surtout le spectacle des gens qui se réunissent parce qu'ils comptent les uns pour les autres. Et elle, la petite au bout de la table, elle est exclue de l'événement, seule parmi les autres.

Par ailleurs, les chercheurs Caron et Meunier[11] soulèvent qu'« en ce qui a trait à la présence des parents, il est surprenant de constater que les journées de plus faible écoute des hommes et des femmes… coïncident avec les journées de plus grande écoute des enfants de 2 à 11 ans. La présence des parents ces jours-là ne peut donc être tenue pour acquise, comme on aurait tendance à le croire. » Si on prend en considération le fait que près de 64 %[12] des foyers québécois possèdent plus d'un téléviseur, que beaucoup d'enfants ont un poste dans leur chambre et qu'à la question « discutez-vous avec vos parents de ce que vous regardez à la télévision », les enfants répondent parfois ou rarement oui, on peut affirmer que pour bon nombre d'enfants, regarder la télévision est une activité solitaire.

Le docteur Gilles Julien[13] attribue ce phénomène au manque d'espace et à la présence des enfants qui dérangent. Il s'inquiète du sentiment d'abandon que ressentent les enfants désinvestis, laissés seuls devant l'écran. D'autres relient cette réalité de « nurse cathodique »[14] à la vie trépidante des parents d'aujourd'hui ou encore à la « démission des parents devant leur rôle éducatif[15] ». Diverses études démontrent que c'est le niveau socioculturel de la mère qui représente le facteur le plus déterminant pour la consommation de l'enfant.

Quels que soient les facteurs d'influence, la consommation excessive de télévision et la consommation en solitaire laissent à l'enfant un goût amer de manque : manque de communication, manque de présence. « En fait, aucune technologie ne peut nous aider à communiquer avec nos proches. Il faut plutôt de l'engagement personnel pour communiquer avec un parent, un enfant, un frère ou une sœur. Il faut de la motivation, le sens du partage, celui des concessions... Si on met un enfant au monde, n'est-ce pas pour créer un lien, une filiation, une continuité et un échange ?[16] » Or, ces liens se créent, s'enrichissent et se maintiennent par le temps partagé, l'écoute, les échanges de personne à personne, sans intermédiaire, sans parente cathodique.

Les plaisirs d'Élizabeth

Élizabeth court jusqu'au vestiaire, mais elle s'arrête en chemin, d'abord dans la grande salle, puis elle se dirige vers la cuisinière, invite son père à manger de la pizza, lui offre un café. Son père, qui est venu la chercher, hésite, puis accepte de jouer le jeu du restaurant. Élisabeth abandonne son restaurant et court de nouveau. Son papa la poursuit et l'invite à aller s'habiller au vestiaire. En riant, elle lance dans les airs son chapeau et son manteau.

Elle profite de ce moment magique : son papa est disponible, dans cet environnement conçu pour le jeu. Elle a compris que le parent est captif du milieu de garde, loin du téléphone, de l'ordinateur ou des tâches ménagères.

Pas surprenant que les fantaisies d'Élisabeth aient commencé à se manifester au moment même où son papa a éteint son téléphone cellulaire, en arrivant à la garderie.

Les adeptes des jeux et de l'Internet deviennent-ils des asociaux ?

Regarder avec d'autres une émission ou un film ou s'amuser à des jeux vidéo sur une console ou à l'ordinateur, tout cela peut devenir une façon de s'intégrer à un groupe d'amis. Certains jeux permettent de jouer ensemble, d'échanger sur les stratégies en s'alliant contre la machine. Les enfants partagent non seulement leurs nouveaux trucs, mais font aussi du troc pour avoir accès aux nouveautés : « Moi, au monde 4, je saute sur le premier cactus et je prends la fleur magique pour éviter le dragon rose[17]. » Ils s'amusent de la compétition entre les joueurs. D'ailleurs, les joueurs de jeux sur Internet se trouvent facilement un joueur à leur mesure qui les pousse à se surpasser. Les jeux vidéo peuvent donc avoir une fonction socialisante pour les enfants d'âge scolaire qui partagent leur passion avec leurs amis.

Récemment, une enquête européenne[18] démontrait que les jeunes joueurs s'avéraient mieux socialisés que la cohorte de non-joueurs. Toutefois, les enfants isolés jouent seuls : « Les jeux vidéo peuvent avoir la fonction de la lecture, qui peut isoler l'enfant et lui offrir un moyen de fuir la réalité[19]. » Le fait d'avoir des amis évite aux enfants de développer divers problèmes psychologiques et scolaires en stimulant le sentiment d'appartenance au groupe social rassemblé par le contexte scolaire. « Si l'écran est l'unique source de relation et de distraction dans la vie de l'enfant ou de l'adolescent, note Tisseron, alors il faut s'inquiéter et agir[20]. »

La visite de grand-maman

Grand-maman rend une visite surprise à son petit-fils Étienne. Celui-ci est justement en train de s'amuser à l'ordinateur. Captivé par son jeu interactif, il ne répond pas aux salutations de sa grand-mère. Elle s'approche de lui, pose affectueusement sa main sur son épaule, mais il marmonne un rapide allô, sans se retourner, désireux d'atteindre le prochain niveau de son jeu.

Les signes à considérer sont la tendance à s'isoler et la diminution ou la disparition des amis réels au profit des amis virtuels. Les jeux en ligne ne sont plus l'apanage des adolescents et des adultes. Bien des jeunes de 10 ou 12 ans sont connectés à des jeux en ligne et interagissent entre eux, mais peu d'études se sont penchées sur ce phénomène naissant. Maude Bonenfant, de l'UQAM, soutient que les adeptes du jeu en ligne communiquent entre eux, le jeu étant alors une activité sociale, mais il s'agit d'adultes dans cette étude[21].

Des concepteurs travaillent actuellement à la création d'un « espace interactif destiné aux enfants de 5 ans et moins[22] ». Les enjeux d'une application virtuelle pour petits diffèrent grandement de ceux qui s'adressent aux adolescents et aux adultes. Ces derniers maîtrisent en grande partie les compétences sociales requises pour entrer dans une relation humaine élargie qui se crée en dehors de la famille. Les enfants d'âge préscolaire doivent apprendre à développer peu à peu les habiletés sociales permettant d'interagir harmonieusement dans différents contextes sociaux.

De plus, ils peuvent encore confondre réalité et fiction et ils ont de la difficulté à comprendre le principe de l'ami virtuel. L'écran leur permet d'observer des formes artificielles de socialisation. À cet âge, les enfants ont besoin de pratiquer avec un partenaire de jeu réel, d'être actifs dans leur quête des compétences sociales. De nombreux enseignants de maternelle déplorent le fait que les enfants entrent en classe sans posséder les compétences sociales nécessaires à la réussite scolaire (20 % en général et 30 % provenant de familles à faibles revenus)[23].

Les habiletés interpersonnelles prédisent la réussite scolaire au même titre que les compétences intellectuelles. En effet, les interactions positives dans le jeu stimulent l'émergence des habiletés d'alphabétisation, tandis que les moins bonnes relations sont reliées à des troubles de mémorisation, d'absentéisme scolaire et d'inadaptation affective.

Les enfants d'âge préscolaire doivent apprendre à reconnaître et à identifier leurs propres sentiments et ceux des autres, à gérer efficacement leurs fortes émotions, à se maîtriser, à développer de l'empathie envers les autres et, ainsi, à établir et à maintenir des relations avec les autres. « Les enfants qui ne savent pas se contrôler à l'âge de 5 ans éprouvent de la difficulté à suivre les directives du professeur à 6 ans et à résoudre un problème à 7 ans[24]. »

Les enfants pratiquent la régulation de leurs conduites lors d'interactions avec les autres enfants et les adultes. Les études sur le cerveau démontrent que cette autorégulation s'appuie sur la maturation du cortex préfrontal. Pour développer cette partie du cerveau, la pratique est essentielle au « développement des neurones » et à leur réseautage.

Le professeur Kawashima a démontré que les jeux vidéo ne stimulent pas cette partie du cerveau[25]. C'est pourquoi les recommandations du psychanalyste Serge Tisseron sont si pertinentes concernant la console de jeux vidéo et la navigation sur la toile :

- Pas de console de jeux vidéo avant 6 ans;
- À partir de 9 ans, l'enfant peut commencer à surfer sur le web en compagnie d'un adulte. Une navigation en duo avec les parents, à l'occasion, permet ces échanges;
- À 12 ans, l'enfant peut naviguer seul. Il est essentiel de continuer à naviguer avec lui de temps en temps pour discuter de ce qu'il voit.

Cette surveillance parentale active s'avère nécessaire puisqu'elle seule peut réduire les risques de cyberintimidation entre enfants. Les cyberprédateurs sont les mêmes élèves qui intimident dans les cours d'école et les victimes virtuelles semblent avoir aussi la même caractéristique que les enfants subissant le harcèlement dans la réalité – soit l'isolement social.

Caro, 12 ans, fréquente une école privée. Ses deux meilleures amies habitent à des kilomètres de chez elle. Elle se retrouve donc seule toutes les fins de semaine. Elle s'amuse alors sur Internet et se fait un ami virtuel en Allemagne à qui elle se confie, bien naïvement. Il lui envoie des cadeaux à la maison. Sa mère s'aperçoit alors qu'elle a donné ses coordonnées personnelles.

Pour les jeunes, le plus grand risque n'est pas «la désocialisation liée à Internet, mais bien la socialisation ailleurs que dans le groupe de référence traditionnel», comme le souligne Tisseron[27]. L'ancrage social doit d'abord se construire dans les relations familiales et, entre enfants, dans la réalité, empreinte d'amour humain et de frustrations, deux éléments aussi nécessaires à la construction de la personne.

Des images stéréotypées

Certaines émissions jeunesse offrent une image juste de notre société ; y sont représentées la multiethnicité et la diversité des familles. On y retrouve des personnages qui évoluent dans le respect et qui sont capables de négocier, d'avoir des échanges, de vivre ensemble en exprimant leurs émotions, leurs besoins et leur amour. Les enfants peuvent s'identifier à eux et ainsi apprendre la tolérance, l'écoute et le sens des responsabilités. Cependant, nous laissons aussi parfois entrer dans nos salons des personnages peu recommandables, qui utilisent la violence, rabrouent les vieillards, bousculent les plus faibles. Et que dire de celui de l'enfant cabotin, effronté, casse-cou, qui s'amuse à irriter ses parents ? Ce petit adulte miniature qui planifie ses coups pour nuire à son entourage est présenté comme un enfant intelligent et amusant.

Le petit écran projette souvent une image déformée de la société en proposant des séries où les personnes âgées ou issues de milieux défavorisés sont sous-représentées, où les héros sont tous de sexe masculin et de race blanche, où les filles sont passives, émotives et obsédées par leur apparence, et les garçons, actifs, performants et agressifs.

La plupart des émissions de courte durée présentent des personnages stéréotypés afin de faciliter la compréhension des téléspectateurs. Ainsi campés, les personnages sont facilement identifiés : il y a le héros, le méchant, l'idiot, la belle. Adieu les nuances, bienvenue les clichés et les images trompeuses ! Le langage télévisuel doit être rapide et clair. Réseau Éducation-Médias[28] dresse une liste de stéréotypes communs :

- La blonde écervelée ;
- L'Asiatique expert en karaté ;
- Le bon ou le mauvais policier ;
- L'hôtesse de l'air facile ;
- L'Italien mafioso ;
- Le joueur de football abruti ;
- L'enfant à lunettes studieux ;
- L'Arabe terroriste ;
- Le Mexicain paresseux ;
- Le gros jovial.

On doit aussi souligner la représentation restreinte que font les médias de la famille. La famille traditionnelle aisée y est surreprésentée. « Cette approche passe sous silence la réalité des familles d'aujourd'hui : 13 % sont monoparentales et près de deux Canadiens sur dix vivent dans la pauvreté », rappelle l'Institut Vanier de la famille[29]. On voit au petit écran très peu de familles rurales, homosexuelles ou immigrantes. Les stéréotypes sexuels et ethniques ont fait l'objet d'analyses depuis plusieurs années.

L'organisme américain Children Now a réalisé une étude sur le contenu des émissions de télé (1999) et des jeux les plus populaires (2001). Les Latinos, les Amérindiens, les Afro-Américains et les Asiatiques sont sous-représentés dans les jeux. Ils apparaissent très exceptionnellement à titre de héros, mais souvent comme des adversaires dans les jeux de sports[30]. « Près de neuf Afro-Américaines sur dix étaient victimes de violence et elles étaient aussi presque dix fois plus persécutées que les femmes blanches[31]. » Dans l'étude portant sur les stéréotypes télévisuels, il appert que les images présentent un portrait peu élogieux des Premières Nations. Interrogés, les enfants amérindiens pensent, selon le Réseau Éducation-Médias[32], que « 95 % des jeunes autochtones font partie de gangs, alors que le chiffre réel n'est que 3 %. Les enfants ont appris à associer les attributs positifs aux personnages blancs et les négatifs aux gens de couleur. »

L'analyse des vidéoclips nous montre encore la surreprésentation des noirs et la sous-représentation des blancs dans 80 % des clips violents. Fort heureusement, les communautés ethniques apparaissent de plus en plus à l'écran québécois dans des rôles importants. Les émissions pour enfants font d'ailleurs bonne figure à cet égard. Pour certains enfants habitant les grands centres urbains, ce n'est qu'un reflet fidèle de leur communauté, mais pour d'autres, c'est une belle occasion d'apprivoiser la diversité et de s'y intéresser.

Les médias véhiculent aussi une image stéréotypée des hommes et des femmes. Cloutier et Renaud[33] affirment, après avoir colligé plusieurs études, que « la télévision renforce, par les images qu'elle présente, l'idée que la domination, l'agression, l'autonomie et l'action sont des caractéristiques proprement masculines, alors que l'image de la féminité semble être un large vacuum: les femmes font relativement peu de chose, si ce n'est de suivre la direction donnée par un compagnon masculin et actif.» Les médias envoient un message aux filles: il faut être mince et belle pour être heureuse. Les diktats de l'apparence physique ne s'adressent pas qu'aux filles, les garçons aussi sont interpellés par les messages publicitaires faisant l'éloge des pectoraux développés grâce à l'appareil miracle. Ironiquement, les «vrais» hommes boivent de la bière. Tous les ans, les adolescents voient de 1000 à 2000 publicités qui associent la bière à la masculinité; on voit des femmes attirées par cette masculinité et la consommation de bières. Certains jeux vidéo sont conçus pour les filles, mais ils «font la promotion d'intérêts stéréotypés, comme le maquillage et la mode», note le groupe Éducation-Médias[34].

Ces images médiatiques stéréotypées s'imposent à l'enfant, mais favorisent-elles des attitudes d'adhésion ou d'identification? L'enfant rivé au poste de télévision ou captivé par son jeu vidéo est témoin de modèles sociaux qui sont parfois loin de ceux offerts par sa famille.

Dès l'âge de 2 ans, les enfants savent qu'ils sont différents: garçon, fille, blanc, noir. Ils s'identifient à la personne qui prend soin d'eux, mais ils n'accordent de valeur ni positive ni négative à la ressemblance ou à la différence. «Selon certaines études, l'acquisition de préjugés se fait entre 3 et 5 ans. Puis vers l'âge de 7 ans, les enfants peuvent avoir une préférence pour les membres de leur propre groupe[35].» Vers 7 ans, les enfants sont de plus en plus conscients des stéréotypes sociaux. Ils cherchent à imiter des modèles de leur sexe afin de consolider leur identité. Ils peuvent même avoir des attitudes rejetantes à l'endroit des enfants du sexe opposé. « En général, les recherches appuient l'hypothèse voulant que l'enfant acquière des stéréotypes auxquels il assimile ensuite les comportements et les attitudes des modèles observés, notent Cloutier et Renaud. Il élabore des schèmes de pensée pour les deux sexes[36]. »

Bien que les médias proposent des modèles et que les enfants apprennent leurs rôles sexuels en observant des modèles, on ne peut dire que les télévores adhèrent davantage aux contenus stéréotypés et que, par conséquent, ils sont renforcés dans la stéréotypie sexuelle. Les enfants sont davantage influencés par les valeurs de leurs parents dans la mesure où ces derniers affirment leurs opinions ouvertement et avec constance et qu'ils savent écouter sans jugement ce qui choque leurs enfants.

« Quand le cadre proposé par le média entre en contradiction avec le cadre familial, c'est en général le second qui l'emporte, notamment lorsque l'enfant est jeune », souligne Tisseron[37]. Les premiers repères identificatoires sont les adultes les plus proches. Lorsque les parents comparent leurs valeurs et celles véhiculées par les écrans, qu'ils émettent des opinions, qu'ils s'intéressent ouvertement au point de vue de leurs enfants, ils leur ouvrent la porte de la pensée critique.

Toutefois, l'écoute d'émissions de télévision ou de films présentant des portraits d'hommes et de femmes contraires aux stéréotypes peut élargir la vision du monde des enfants. Le décloisonnement de l'attribution traditionnelle des métiers et professions et les attitudes plus souples envers l'attribution d'activités de loisirs dites masculines ou féminines encouragent les enfants à rêver à un monde d'équité et à croire que leurs rêves peuvent se réaliser.

Les images projetées sur les écrans sont des « modèles qui entrent en permanence en compétition avec ceux des parents, et les enfants – surtout s'ils sont jeunes – ne peuvent gérer ces modèles que s'ils sont accompagnés par leurs parents[38] ». Se taire devant une image stéréotypée présentée à son enfant, c'est dire qu'on la trouve banale ou insignifiante, ou encore c'est transmettre un message d'impuissance et de soumission au pouvoir médiatique. C'est donc négliger une partie de ses responsabilités éducatives.

Notes

1 DESMARAIS, S. *Guide du langage de l'enfant de 0 à 6 ans.* Montréal: Éditions Quebecor, 2010.

2 CLERGET, S. *Ils n'ont d'yeux que pour elle: les enfants et la télé.* Paris: Fayard, 2002.

3 Enquête auprès de 1009 parents américains d'enfants âgés de 2 mois à 2 ans. *Les enfants et la télévision: vive la modération.* Dans www.mensup.fr.

4 Avant 6 mois, les bébés ne peuvent fixer que quelques minutes à partir de 6 mois: 15 minutes. Wendy L., Josephson. *Étude sur les effets de la violence télévisuelle sur les enfants selon leur âge.* Centre national d'information sur la violence dans la famille. Santé Canada, 2004.

5 TISSERON, S. *Les dangers de la télé pour les bébés – Non au formatage des cerveaux.* Toulouse: Éres, 2009.

6 Terme utilisé par les auteurs Gauthier, Fortin et Jeliu dans *L'attachement, un départ pour la vie* (2009). Éditions Chu Sainte-Justine.

7 GAUTHIER, Y., G. FORTIN et G. JELIU. *L'attachement, un départ pour la vie.* Montréal: Éditions du CHU Sainte-Justine, 2009.

8 TISSERON, S., *Op. cit.*

9 CARON, A.H. et D. MEUNIER. *Famille et télévision: dynamique et processus de médiation.* Montréal: Groupe de recherche sur les jeunes et les médias - Université de Montréal. [Présentation du 25-26 septembre 1995]. Texte sur le web: www.reseau-medias.ca/francais/ressources/documents_de_recherche/fam_tele_dynamique_table.cfm

10 DOLTO-TOLICH, C. *La télévision.* Paris: Gallimard jeunesse-Giboulées, 2001.

11 CARON, A.H., *Op.cit.*

12 *Ibid.*

13 JULIEN, G. *Vivre avec un enfant qui dérange.* Montréal: Bayard Canada, 2007.

14 TISSERON, S., *Op. cit.*

15 BLIND, R. et M. POOL. *Les dangers de l'écran: enfants, famille, société et violence.* Genève: Éditions Jouvence, 2002.

16 JULIEN, G. *Aide-moi à te parler. La communication parent-enfant.* Montréal: Éditions de l'Hôpital Sainte-Justine, 2004.

17 Extrait de *Un atelier thérapeutique. « Jeux vidéo » en hôpital de jour pour enfants.* F. Lespinasse et J. Perez.

18 TISSERON, S., *Op. cit.*

19 Réseau éducation-médias. *La socialisation.*

20 TISSERON, S., *Op. cit.*

21 « Les joueurs ont aussi une vie. » *Revue RND* Mars-avril 2010, 108 (2): 22.

22 *Ibid.*

23 BOYD, J.W. « Promoting children's social and emotional development through preschool education. » www.nieer.org, p. 1.

24 *Ibid.*

25 *Pourquoi contrer la téléviolence.* Commission scolaire de Montréal, 2003.

26 DUBÉ, C. *Québec Sciences*, Août-septembre 2010, p. 18.

27 TISSERON, S., *Op. cit.*

28 RÉSEAU ÉDUCATION-MÉDIAS. *Influence des stéréotypes sur les jeunes.* Texte sur le web: www.media-awareness.ca/francais/enjeux/stereotypes/aborigenes/influence_jeunes.cfm

29 Institut Vanier de la famille, *Transition*, mars 1995.

30 RÉSEAU ÉDUCATION-MÉDIAS, *Op. cit.*

31 *Ibid.*

32 *Ibid.*

33 CLOUTIER, R. *Psychologie de l'enfant.* Boucherville : Gaëtan Morin, 1990. Collectif Interassociatif Enfance et Média (CIEM). Impact de la télévision sur la santé et le développement psychomoteur de tout-petits. 2008. Texte sur le web : www.collectifciem.org/spip.php?article93

34 « Les enjeux particuliers pour les filles. » Texte sur le web : www.media-awaresess.ca/francais/parents/jeux_video/enjeux_filles_jeux.cfm

35 LUSSIAÀ-BERDOU, G. « Musique chinoise et viande halal à la garderie. » *Enfants-Québec*, septembre 2008, p. 51.

36 CLOUTIER, R., *Op.cit.*

37 TISSERON, S., *Op. cit.*

38 *Ibid.* p. 10.

Chapitre 8

Redonner à l'écran un rôle positif

Nos enfants grandissent dans des mondes virtuels: films 3D, jeux en ligne multijoueurs et multimédia. Et cette course de l'évolution des technologies ne s'arrêtera pas de sitôt: « La télé de demain sera celle d'aujourd'hui à la puissance mille », disent les chercheurs R. Blind et M. Pool[1]. Le futurologue Ray Kurzweil prédit même « une fusion entre l'homme et la machine... dans cinq ans à peine, l'ordinateur se portera au poignet en permanence[2] ». Il serait donc illusoire de vouloir échapper à ce monde des images, mais nous pouvons éduquer nos enfants afin que les avantages de ces technologies surpassent les effets négatifs sur leur développement.

Les parents ont un rôle essentiel à jouer dans cette éducation aux médias. Ils doivent d'abord encadrer les habitudes télévisuelles et l'utilisation des consoles et des ordinateurs. Ensuite, ils doivent familiariser les enfants au langage des images, à ses codes, à ses biais et, ainsi, leur permettre de prendre une distance devant les messages afin de se prémunir contre ses mauvaises influences.

Stratégies éducatives parentales : encadrer

Offrir un modèle

Éduquer, c'est d'abord montrer par l'exemple. « Une récente recherche américaine a montré que les enfants qui regardent le plus la télévision sont ceux dont les parents regardent le plus la télévision », note Tisseron[3]. Il est parfois difficile d'admettre toute la place que l'on accorde aux écrans. Pour faire comprendre à l'enfant que ce ne sont pas les écrans qui règlent votre vie :

- Ne laissez pas le téléviseur et l'ordinateur allumés si personne ne les utilise ;
- N'allumez pas le téléviseur dès votre arrivée à la maison après le travail. L'enfant y verra un moyen de détente privilégié, alors que de nombreuses solutions santé (sports, plein-air, loisirs) favorisent davantage la réduction du stress ;
- Éteignez le téléviseur, la console ou l'ordinateur durant les repas ou lorsque des visiteurs se présentent. Privilégiez les relations humaines ;
- Priorisez vos obligations, les enfants constateront que vous terminez votre travail avant de vous installer devant l'écran ;
- Démontrez le plaisir que vous avez à lire, à faire de la bicyclette, à jardiner, à faire un pique-nique ;
- Laissez le silence habiter votre maison de temps en temps ou faites-leur écouter de la musique (sans images).

Limiter le temps d'utilisation des écrans

Les influences négatives soulevées dans les chapitres précédents sont associées à une écoute excessive de la télévision ou à une utilisation abusive des jeux vidéo et de l'ordinateur. Il faut donc établir des règles pour contrer les excès.

- Pas de télé pour les bébés.
- De 30 minutes à une heure par jour pour les enfants d'âge préscolaire. Des pauses après 20 minutes pour les petits de 2 ou 3 ans.
- Une cassette entière ou un DVD d'une heure ou une heure et demie, à l'occasion, pour les enfants de 3 ou 4 ans.
- À partir de 6 ans, deux heures d'écran par jour (télévision et console).
- « À partir de 9 ans, l'enfant peut commencer à surfer sur le web s'il est accompagné. Avant cet âge, la toile doit brouiller les repères entre sphères interne et publique. À 12 ans, l'enfant peut naviguer seul. Cependant, il est essentiel de continuer à naviguer avec lui de temps en temps pour discuter de ce qu'il voit[4]. »
- Il est recommandé de faire des pauses de 10 à 15 minutes toutes les heures lorsqu'on utilise un jeu vidéo.

La question de limite de temps peut devenir un sujet litigieux avec les enfants d'âge scolaire. Certaines règles doivent rester immuables : on respecte l'heure du coucher, l'écran s'allume après les devoirs et les tâches domestiques. Par contre, les enfants de plus de 6 ans devraient peu à peu participer à la planification de l'horaire d'utilisation des écrans en se référant à leur agenda scolaire hebdomadaire et à l'horaire télévisuel. On peut négocier en famille un horaire d'utilisation de l'ordinateur. Il faut éviter d'utiliser comme objet de chantage ou comme instrument de récompense et de punition l'accès à une émission ou au poste de télévision à la console de jeux ou à l'ordinateur. Cependant, « lorsque les règles sont établies, elles doivent concerner surtout les méthodes, comme le système punition – récompense/écoute – non-écoute[5] ». Parfois, l'autorité scolaire et l'impératif des devoirs deviennent le prétexte pour interrompre le visionnement ou le jeu.

Le parent hésite souvent à imposer les règles qu'il a lui-même édictées : « Il faut sortir de l'alternative "télé ou devoirs" et proposer à l'enfant d'autres façons d'organiser ses loisirs », recommande Clerget[6].

Plus l'enfant se montrera autonome dans sa gestion du temps média, plus il se responsabilisera devant l'ensemble des activités de sa vie. Clerget suggère également de placer une horloge à côté de la télé afin d'aider l'enfant à se repérer dans le temps.

Interdire certains spectacles ou contenus

La supervision parentale concerne aussi les contenus des émissions de télévision. Les parents connaissent très bien leurs enfants : leur personnalité, leur âge, leurs centres d'intérêt et aussi ce qui leur fait peur ou les fait rire, ou encore leur niveau de fatigue. Ils sont donc les mieux placés pour identifier les contenus qui pourraient les perturber : « Tout ce qui met en scène les événements de la vie réelle est ce qui présente le plus de risque de perturber les jeunes enfants, explique Tisseron. C'est le contexte émotionnel qui importe pour l'enfant petit[7]. » C'est pourquoi l'enfant sera particulièrement touché par l'actualité qui expose des gens hurlant de peur, des animaux tués, la panique des gens subissant la guerre, un tremblement de terre. Webster-Stratton recommande aux parents d'enfants âgés de moins de 8 ans d'éviter de leur faire voir les émissions d'actualité[8]. Voici quelques pistes pour réaliser l'étape difficile du choix :

- Assurez-vous que votre enfant regarde une émission que vous connaissez. Enregistrez les émissions que vous jugez adaptées ;
- Apprenez-leur à choisir. Le petit pourra décider s'il regarde l'émission X ou Y, ou encore tel ou tel film issu de votre vidéothèque ;
- Accompagnez votre enfant dans ses choix en lui donnant progressivement une certaine liberté. Demandez-lui d'expliquer pourquoi telle émission lui semble intéressante. Félicitez son bon choix et son argumentation. Si son choix ne correspond pas aux critères de qualité que vous jugez nécessaires à sa protection, soyez tout de même à l'écoute. Puis, expliquez-lui vos préoccupations quant à son bien-être. Vous l'aimez tant ! Cette négociation ira en s'intensifiant au fur et à mesure que les enfants grandiront. Caron et

Meunier[9] soulèvent « le rôle de médiateur que peuvent remplir certains préadolescent(e)s et adolescent(e)s auprès de leurs parents », soit une influence sur le choix des contenus télévisuels jusqu'aux critiques sévères des choix télévisuels parentaux ;

- Vous devez interdire fermement l'écoute d'une émission non recommandée pour les enfants par la chaîne de télévision. « Il [parent] protège son enfant et, en même temps, il l'inscrit dans la loi commune, ce qui est une démarche socialisante et structurante », ajoute Tisseron[10] ;
- Apprenez à vos enfants à choisir avant de « zapper ».
- « Expliquez à vos enfants qu'ils sont libres, lorsqu'ils vont chez des amis, de refuser de regarder une émission qui les dérange ou leur fait peur[11]. »
- Ne pensez pas qu'une émission diffusée durant la journée s'adresse nécessairement aux enfants ;
- Référez-vous, pour les émissions, au classement diffusé par les chaînes de télévision ; en ce qui concerne les films, à celui de la Régie du cinéma et, pour les jeux vidéo, à celui du Entertainment Software Rating Board ;
- Échangez des cassettes avec vos proches, mais visionnez-les avant de les mettre dans le magnétoscope et de les regarder avec les enfants ;
- Consultez les vidéothèques des bibliothèques ;
- Utilisez des systèmes de verrouillage pour Internet, des puces antiviolence sur la télé.

L'utilisation d'Internet doit être aussi sujette à la supervision parentale. La mésinformation, les cyberprédateurs, la promotion de la haine ou de la violence visant un groupe précis, l'intimidation ou même le potentiel de plagiat dans les travaux scolaires, voilà autant de raisons pour explorer ensemble l'Internet.

Malgré toutes ces mesures de protection, il faut convenir que le contrôle parental parfait n'existe pas. Un jour, l'enfant verra des images qui le perturberont. Le parent devra donc être disponible, prêt à parler avec son enfant de ce qu'il a vu, sans le culpabiliser. Car ces images troublantes se seront présentées malgré lui. Évitez le rapport de force entre parents et enfants : « Je t'avais dit de ne pas regarder telle chaîne ou tel site... ou de ne pas écouter la télé la nuit lorsque tu te réveilles... » Cela ne fait que renforcer l'idée selon laquelle ces images ont une grande influence contre laquelle les parents doivent se battre.

Être disponible pour échanger

De nombreux auteurs recommandent aux parents d'écouter les émissions de télévision avec leurs enfants ou de participer à leurs jeux vidéo, ou encore de voyager avec eux sur la Toile. Cette présence rassure l'enfant apeuré ou troublé, lui fait prendre connaissance de l'opinion de ses parents qui, ainsi, affirment leurs valeurs et accueillent les propos de l'enfant. Cette présence permet aussi aux parents d'observer les signes de désarroi d'un enfant silencieux ou de recadrer une scène fantaisiste pour l'aider à faire la différence entre l'imaginaire, la simulation et la réalité. Cette présence accompagne l'enfant dans la compréhension de ce qu'il voit et dans l'expression de ce qu'il ressent.

« Si les scènes sont fortement chargées d'émotivité (violence conjugale, familiale ou sociétale), votre présence auprès de l'enfant le rassurera. À la suite de telles émissions, il est bon, pour l'apaiser, d'échanger avec lui sur la nature de l'émission (informative ou fictive) et sur son contenu », lit-on dans *Mon enfant devant l'écran*[12]. L'enfant doit être aidé pour décoder ce qu'il reçoit afin d'en devenir le maître et non l'esclave. Mais reconnaissons-le, il est difficile d'assurer cette disponibilité à l'écoute de l'enfant ou au visionnement familial, au même titre que l'accompagnement constant aux jeux ou aux livres. Cependant, si l'adulte n'est pas loin – quoiqu'il soit affairé – et que l'enfant peut avoir recours à son aide ou à son écoute, alors l'enfant n'est pas seul. D'ailleurs, le petit peut échanger avec l'aîné, qui saura peut-être lui expliquer le contexte de l'image qui l'a interpellé.

La proximité physique ne suffit pas. L'adulte doit être disponible de temps en temps, toujours à portée de voix et, surtout, à l'écoute bienveillante des propos de l'enfant. L'écoute bienveillante suppose la valorisation de ce qui est confié et le non-jugement. Raconter nos propres peurs, préoccupations ou expériences d'adulte favorise un climat de confiance. Ce respect s'inscrit aussi dans le rythme ou la personnalité de l'enfant. Certains ne se racontent pas, mais miment, poussent des cris, s'agitent pour illustrer ce qu'ils ont retenu. D'autres, bien qu'ils semblent troublés par les images, ne parlent pas. L'interrogatoire ne sert à rien alors, sinon à transmettre à l'enfant l'inquiétude des parents.

Les interactions familiales entre les téléspectateurs dépendent du groupe familial et de leur état psychologique au cours du visionnement. Elles seront plus rares si les spectateurs sont fatigués. De plus, les attitudes des membres de la famille autour de la télévision ressemblent à celles qu'ils adoptent en général.

« Les pères, lorsqu'ils regardent la télévision avec leur conjointe et leurs enfants, se concentrent souvent plus intensément sur le contenu qu'ils regardent ou bien prennent le rôle de compagnon de jeu avec les enfants, abandonnant le rôle de parent à la mère[13]. »

Quoi qu'il en soit, les enfants sont toujours heureux de regarder la télévision en famille. Ils tiennent pour acquis la qualité de l'émission si les parents l'écoutent avec eux.

Aménager un environnement propice à une utilisation constructive des écrans

La plupart des familles installent le téléviseur dans une pièce centrale (salon), les fauteuils disposés devant l'écran. Cet aménagement incite au rapprochement physique et à la détente. Si cette pièce est ouverte sur la cuisine, les parents peuvent superviser l'écoute des enfants tout en vaquant à leurs occupations, sans toutefois laisser l'appareil allumé pendant de longues périodes de temps. Par contre, si le téléviseur est placé dans une pièce fermée, salle de séjour ou salle de jeu, hors de vue des activités familiales, les parents doivent s'assurer que le téléviseur est allumé selon l'horaire prévu et que les enfants respectent le choix des contenus, et ils doivent y assister régulièrement. On peut aussi opter pour une table à roulettes sur laquelle on dépose le téléviseur qu'on déplace dans le salon aux heures choisies. On suggère 2,5 mètres de distance entre le spectateur et le téléviseur.

On ne devrait installer dans la chambre des enfants aucun téléviseur, aucune console de jeu et aucun ordinateur. Dans ce contexte, il serait trop difficile d'exercer une surveillance, que l'enfant percevrait d'ailleurs comme une intrusion. Tous les écrans doivent donc être placés dans un endroit central, où les parents peuvent aisément accompagner leurs enfants dans leurs découvertes, leurs plaisirs et surtout dans les réactions émotives suscitées par certaines images. On préconise également un accès et un mot de passe commun à tous les membres de la famille.

Les concepteurs et producteurs de logiciels de jeux émettent quelques conseils techniques :

- Éviter de jouer en cas de fatigue ou de manque de sommeil ;
- S'assurer que la pièce soit bien éclairée ;
- Jouer à bonne distance de l'écran, dont la luminosité doit être assez faible ;
- Faire des pauses de 10 à 15 minutes toutes les heures ;

- En outre, mieux vaut baisser le son et opter pour un écran de 100 Hz.

Des règles de sécurité s'adressent aussi à certains modèles de téléphones cellulaires qui offrent des services de messagerie texte et de courriel. « Ces appareils à la mode, aux couleurs attrayantes, sont en passe de devenir, selon la revue *Clic. La vie*, un accessoire indispensable pour les jeunes dès l'âge de 11 ans[14]. » Bien qu'ils sécurisent les parents de préadolescents et d'adolescents très actifs, ils peuvent devenir des boîtes à secrets difficiles à surveiller, autant pour les coûts que pour les rencontres nuisibles. « Les règles de sécurité pour naviguer sur Internet s'appliquent aussi à l'émetteur-récepteur. Les enfants aiment parfois faire des appels au hasard... » et les prédateurs connaissent également ce réseau de communication. Le téléavertisseur est une autre option qui permet de maintenir le contact, et les frais sont moins élevés.

Toutes ces règles doivent être transmises aux autres responsables des enfants en leur absence : grands-parents, gardiennes, etc.

Les parents doivent s'informer des pratiques en matière d'écoute télévisuelle ou d'utilisation des ordinateurs dans les milieux éducatifs qui accueillent leurs enfants, comme l'école ou le service de garde en milieu scolaire.

Tout réseau éducatif préscolaire ou scolaire doit respecter son mandat éducatif et restreindre le visionnement aux seules fins pédagogiques, et toujours en présence d'un adulte responsable. « Regarder une émission de télévision ne fait pas partie du programme éducatif des services de garde du Québec », note Gilles Cantin[15]. Les milieux éducatifs devraient d'ailleurs rédiger une politique d'utilisation des médias en collaboration avec les parents. En supervisant des stages d'étudiantes en techniques d'éducation à l'enfance, j'ai observé que non seulement certains milieux de garde en petite enfance utilisaient fréquemment le magnétoscope, de façon purement occupationnelle, mais aussi qu'en milieu scolaire, on avait recours à des films pour enfants durant le dîner et en fin de journée. L'usage occasionnel de tels moyens n'est pas contre-indiqué, mais l'écoute doit se faire dans le respect des centres d'intérêt des enfants et de leur capacité d'attention. Si l'on veut éviter d'épingler l'enfant sur une chaise, malgré son besoin de bouger, on peut lui offrir de s'affairer à des activités qui lui conviennent davantage.

L'utilisation de l'ordinateur en milieu de garde scolaire est régie par le même principe, à savoir la vocation éducative de ces lieux d'accueil à l'enfance. Plusieurs services de garde se sont dotés d'ordinateurs et de logiciels de jeux éducatifs.

Lorsque ces équipements sont installés dans les locaux polyvalents qui offrent plusieurs choix de jeux, les enfants les utilisent à tour de rôle ou en petites équipes de deux, sur de courtes périodes. Il est toutefois contre-indiqué d'aménager une salle d'ordinateurs où les petits enfants doivent se conformer à une règle d'utilisation commune, à périodes fixes, sans avoir la possibilité de choisir de s'amuser dans d'autres aires de jeu. Cependant, même s'il n'a pas le loisir de se familiariser avec les ordinateurs, « il est rassurant, explique Francine Ferland, de savoir que l'enfant qui arrive à la maternelle sans expérience du monde de l'informatique rattrape aisément ceux et celles qui ont connu l'ordinateur à la maison[16] ». Plusieurs expériences scolaires d'intégration de l'ordinateur dans l'enseignement se sont avérées favorables, dans la mesure où l'enseignant assume totalement sa responsabilité de transmission des savoirs et, surtout, s'il assure par sa présence chaleureuse le lien entre les processus cognitifs et affectifs.

L'éducation aux images

Encadrer, c'est bien et c'est nécessaire, puisque c'est le premier geste éducatif dans l'intention de protéger. Il faut aussi chercher à favoriser l'autonomie de l'enfant, c'est-à-dire lui apprendre à faire le tri, à juger de la pertinence des informations et même à reconnaître les intentions derrière les images. Plus l'enfant prend conscience des techniques de manipulation, moins il risque d'en subir les influences et plus il risque de faire des choix éclairés. Selon Tisseron, les jeunes doivent se « familiariser avec l'idée que les images sont un monde distinct du monde réel, et il faut leur épargner le risque de les confondre avec des modèles applicables dans leur réalité[17] ». La télé et l'ordinateur ne disent pas tout et ne savent pas tout.

L'écran vend des messages à travers les images. Si la publicité existe, c'est bien qu'elle a fait ses preuves, sinon pourquoi les services de marketing investiraient tant? Toutefois, au-delà de la publicité qui utilise les techniques de manipulation, il y a aussi l'information qui, par sa redondance et sa sélectivité, met l'accent sur des éléments spécifiques et même parcellaires d'un événement. La surabondance d'information sur la Toile rend difficile l'exercice de vérification de la pertinence ou de la précision de l'information.

Il faut donc développer chez nos enfants bombardés d'images un esprit critique leur permettant de distinguer la fiction de la réalité, l'émission de la publicité, les valeurs familiales de celles promues par les images. Il est aussi essentiel de les aider à dire ce qu'ils ressentent, ce qu'ils pensent et d'enrichir leur répertoire de solutions de rechange. Devant des images violentes, il devient impérieux de développer une sensibilité sociale. Enfin, il faut aider les enfants à faire des liens entre ce qu'ils apprennent à la maison, à l'école et dans les médias.

« Les jeunes sont bombardés d'information de toutes sortes et nombre d'entre eux éprouvent des difficultés à faire des liens entre ces différentes informations », souligne Germain Duclos[18].

« Au début du secondaire, Charles, un garçon de 12 ans, n'arrivait pas à planifier ses travaux scolaires. Je le rencontrais chaque semaine pour l'aider à développer une méthode de travail. Lors de l'une de nos premières rencontres, il me demanda si j'avais regardé l'émission de télévision qui traitait de la pollution des lacs en Abitibi.

Sachant que je suis originaire de cette région, il se doutait bien que ce sujet m'intéressait et je lui répondis que j'étais au courant de la situation.

Environ 30 minutes plus tard, alors que nous révisions ses travaux de la semaine et son agenda, il mentionna qu'il éprouvait de la difficulté à comprendre certaines notions en écologie. En l'interrogeant, j'appris qu'il était question de pollution environnementale dans un de ses cours. Je lui demandai alors s'il faisait un lien entre son cours d'écologie et le reportage télévisé dont il m'avait parlé au début de notre rencontre. Il sembla étonné par ma question et, manifestement, il ne voyait aucune relation entre les deux sujets. Pour lui, ces deux contenus étaient séparés l'un de l'autre[19]. »

Développer l'esprit critique

Qu'il s'agisse d'images dans un livre, à la télé ou au cinéma, ou encore de photographies, l'adulte doit nommer les images qu'il voit devant le bébé. « Il lui indique comment arrimer ses images du dedans en les rattachant à des mots », souligne Tisseron[20]. On peut observer des petits qui tentent de toucher leur personnage favori sur l'écran. On doit leur dire qu'il s'agit d'une image qu'on ne peut ni attraper ni manger. Lorsque les enfants dessinent, ils produisent des images. On peut donc faire une analogie entre leurs dessins et les images provenant de la télé ou du magnétoscope ou de l'ordinateur. Tisseron[21] suggère aux parents de faire choisir à l'enfant parmi quelques-unes de ses photographies ou de lui permettre de prendre quelques photos et de sélectionner celles qu'il veut garder. Cette pratique l'amène à réfléchir sur la qualité de l'image et ce qu'elle projette. Pourquoi préfères-tu celle-ci ? Quelle photo illustre mieux ce que tu faisais ?

Le choix des cartes de Noël à envoyer aux proches, qu'elles soient postales ou virtuelles, incite aussi l'enfant à juger de l'effet des images. Un petit chien portant une tuque rouge pour tante Lucie, un beau paysage d'hiver pour oncle Luc qui habite à la campagne... L'enfant associe l'image à une idée et apprivoise peu à peu le concept de l'intention derrière l'image choisie. L'écoute active permet aussi aux petits de porter attention à ce qui les entoure.

Voici quelques suggestions proposées par l'Alliance pour l'enfant et la télévision[22]. Il s'agit de la Chasse au trésor. Les parents demandent aux enfants d'âge préscolaire de trouver :

- des messages publicitaires ;
- des bons ;
- des méchants ;
- de vraies personnes ;
- des gens de votre âge ;
- des personnes qui font quelque chose d'interdit ;
- des personnes tristes ;
- des personnes étonnées.

Pour aider les enfants à identifier les messages publicitaires, les parents peuvent leur faire remarquer les codes télévisuels qui annoncent la fenêtre publicitaire. Les petits reconnaîtront la musique rythmée, le haussement du volume. Puis, ils seront aptes à cibler les mots-clés : « après la pause... », « aubaine du tonnerre », « prix imbattable », etc. Les préadolescents observeront la variation des plans. On peut expliquer aux petits que la publicité sert à nous donner le goût d'acheter les produits annoncés et que parfois, même si on en a envie, on est déçu lorsqu'on achète certains d'entre eux parce qu'on ne les aime pas vraiment ou qu'ils ne nous servent à rien.

On peut modifier les listes de scènes à repérer selon l'âge et les intérêts des enfants[23]. Pour les 6-9 ans :

- des familles qui ressemblent à la vôtre ;
- des enfants brillants qui ne portent pas de lunettes ;
- des filles ou des femmes qui font partie des « bons » ;
- des filles ou des femmes qui font partie des « méchants » ;
- quelqu'un qui se comporte comme votre enfant ;
- quelqu'un en fauteuil roulant ;
- des gestes violents ;
- des gestes affectueux ;
- une école semblable à la leur ;
- un(e) sportif(ive) qu'il admire ;
- un personnage qui exerce une profession intéressante.

Quant aux préadolescents, les enjeux sociétaux les intéressent davantage : stéréotypes, quelqu'un qui commet un acte illégal, personne au pouvoir, relations et caractéristiques de personnes de différentes races ou groupes ethniques.

L'écoute active revêt une autre forme, soit l'analyse des techniques utilisées pour produire les images. S'agit-il d'images en direct, d'images d'archives, d'images symboles, de simulations d'événements, de reconstitutions lorsqu'il s'agit d'émissions d'information ? Ou encore lorsqu'il s'agit de fictions, y reconnaît-on des effets spéciaux, des cascades ou des scènes intentionnellement exagérées pour provoquer des sensations fortes ? A-t-on utilisé un gros plan pour attirer notre attention ou encore un plan éloigné pour nous permettre de mettre en contexte le personnage ? Qu'annonce la musique ?

Encourager l'affirmation de soi et développer la sensibilité à l'autre

S'affirmer, c'est dire ce que je suis, ce que j'aime, ce que je ressens, ce que je pense et c'est aussi choisir en se considérant.

Au fur et à mesure que les enfants grandissent, les parents doivent susciter des échanges et des réflexions sur ce que les enfants voient.

Avec les enfants d'âge préscolaire, il est donc pertinent de discuter de :

- ce qu'ils aiment (en profiter pour faire des liens entre leurs divers centres d'intérêt) ;
- ce qu'ils comprennent (il devient alors possible de recadrer, de préciser) ;
- ce qu'ils ressentent, ce qui les choque, les attriste, leur fait peur (l'attitude accueillante et rassurante de

l'interlocuteur lui permettra d'assimiler les scènes et de créer un environnement propice à d'autres échanges) ;

- ce qu'ils pensent de l'histoire, est-ce possible dans la « vraie vie » (en profiter pour dire qu'il ne s'agit pas de vrai sang, mais de ketchup, que les belligérants ne se battent pas pour vrai, etc.).

Certaines questions favorisent la réflexion et la flexibilité cognitive en amenant les enfants à multiplier les façons de voir une situation ou de résoudre un problème.

Voici quelques suggestions :

- Pourquoi penses-tu qu'Untel a dit ceci ou fait cela ? (On cherche les motivations et les intentions du personnage et on pousse l'enfant à imaginer le point de vue de l'autre.)
- Que ferais-tu, toi ? (L'enfant est amené à développer son propre scénario.)
- Comment crois-tu qu'il se sent, le petit garçon ? (On développe la sensibilité à l'autre ou l'empathie.)

« Dans toute situation d'agression ou de violence, il y a trois personnages : la victime, l'agresseur et le témoin. Une approche gagnante, poursuit J. Brodeur, suppose que l'on renforce le pouvoir du témoin au lieu de laisser les enfants s'associer à l'agresseur par sa passivité, son rire ou son silence. Il faut montrer aux enfants à s'associer à la victime et à s'opposer aux agressions commises par les agresseurs[24]. »

Ces sujets peuvent être abordés dès l'âge préscolaire et incitent à la réflexion, même chez les enfants de 8 ans. Toutefois, à partir de cet âge, on peut provoquer de nouvelles réflexions. L'écoute collective prédispose aux interprétations multiples. Les membres de la famille et les copains expliquent-ils de la même manière le dénouement ? Y a-t-il d'autres points de vue sur les faits rapportés dans l'actualité ? Quels sont les aspects favorables d'une situation à priori désavantageuse pour les protagonistes ? *Mon enfant devant l'écran* suggère que « chaque fois que votre enfant émet une opinion sur un événement ou une image, posez-lui des questions pour savoir comment il perçoit la situation et cherchez avec lui d'autres points de vue pour en élargir la perspective[25] ».

Se former à s'informer

Selon Serge Tisseron, « il n'y a jamais l'enfant et les images, mais toujours l'enfant, les images, sa famille, son environnement, ses copains, l'école, et c'est l'ensemble qui organise ses attitudes futures[26] ».

On devrait montrer en classe comment traiter l'information et les images. Sans que cela devienne matière à l'élaboration d'un cours spécifique et requérant des compétences spécialisées, il est possible d'intégrer les médias aux outils pédagogiques déjà utilisés. Pour Blind et Pool, « aux côtés des parents… d'autres partenaires doivent intervenir et collaborer afin d'aider nos enfants à faire de ce média, aussi extraordinairement divertissant qu'anesthésiant, un bon serviteur plutôt qu'un mauvais maître. Parmi les instances concernées[...] citons les autorités, les professionnels de la télévision, les enseignants, les gens d'école et, bien sûr, les jeunes eux-mêmes[27]... »

L'utilisation du magnétoscope facilite en classe le visionnement de capsules de sciences et d'histoire. Il est possible d'écouter en classe les actualités à la radio et d'en faire un sujet de discussion ou d'enrichissement d'un thème (en écologie, en biologie, en astronomie). Occulter totalement les médias à l'école, c'est aussi oublier une partie de l'imaginaire des enfants. Laisser la place à des références médiatiques dans la production des enfants ne signifie pas oublier les références culturelles du savoir transmis oralement. La lecture des médias n'exclut en rien la lecture et l'écriture. « Il n'y a pas lieu d'établir une hiérarchie entre les différents modes de représentations symboliques ni de les mettre en concurrence », explique Stéphane Clerget[28].

En multipliant les modalités d'enseignement, nous tentons de rejoindre les enfants dans leur diversité. Jamais un écran ne pourra remplacer l'enseignant, car c'est d'abord dans la relation éducative que l'enfant puise sa motivation.

Les parents et les enseignants peuvent collaborer en choisissant une émission qui pourrait compléter l'information transmise en classe. Les parents peuvent aussi proposer d'autres sources d'information à la suite d'un visionnement en classe (bibliothèque publique, livres ou revues disponibles à la maison, recherches conjointes sur la Toile). Les affiches, les collages de photographies ou d'images tirées de revues pour réaliser des activités scolaires sont des sources d'éducation. Quels ont été les critères retenus pour cibler les images ? Quels messages écrits complètent le message pictural ?

Le travail d'association entre les images choisies par l'enseignant et les thèmes à étudier favorise aussi l'exercice d'interprétation et d'explication des images. En faisant appel à la radio, à la presse écrite, à l'Internet, en comparant le traitement d'une même actualité, l'enfant peut critiquer la qualité de l'information. Ce type d'exercice, fait en équipe dans des classes de 11-12 ans, suscite des discussions animées et des réflexions intéressantes et il leur permet même de s'exprimer par des moyens audiovisuels.

Notes

1 BLIND, R. et M. POOL. *Les dangers de l'écran : enfants, famille, société et violence.* Genève : Éditions Jouvence, 2002.

2 « Dossier Le jeu sort du placard. » *Revue RND* Mars-avril 2010, p. 21.

3 TISSERON, S. *Les dangers de la télé pour les bébés – Non au formatage des cerveaux.* Toulouse : Éres, 2009.

4 *Ibid.*

5 CARON, A.H., D. MEUNIER. *Famille et télévision : dynamique et processus de médiation. Groupe de recherche sur les jeunes et les médias.* Université de Montréal. Présentation du 25-26 septembre 1995, p. 7. www.reseau-medias.ca/fre/parents/ressourc/mediatio.htm

6 CLERGET, S. *Ils n'ont d'yeux que pour elle : les enfants et la télé.* Paris : Fayard, 2002.

7 TISSERON, S., *Op. cit.*

8 WEBSTER-STRATTON, C. *Incredible Years: A trouble-shooting guide for parents of children aged 3-8.* Tubman : Umbrella Press Publication, 2000.

9 Caron, A.H. et D. Meunier. *Famille et télévision : dynamique et processus de médiation.* Montréal : Groupe de recherche sur les jeunes et les médias - Université de Montréal. [Présentation du 25-26 septembre 1995]. Texte sur le web : www.reseau-medias.ca/francais/ressources/documents_de_recherche/fam_tele_dynamique_table.cfm

10 Tisseron, S., *Op. cit.*

11 Site web du Réseau Éducation-Médias.

12 Régie du Cinéma et Gouvernement du Québec. *Mon enfant devant l'écran - Un guide éducatif et préventif de la Régie du Cinéma à l'usage des accompagnateurs des enfants de 8-12 ans.* 2009. Texte sur le web : www.rcq.gouv.qc.ca/Guide_mon-enfant_fr.pdf

13 Caron, A.H., *Op. cit.*

14 Bichon, J. *Revue Clic La Vie.* Septembre-octobre 2002 N° 1, p. 13.

15 Cantin, G., *Revue Bien Grandir* Mars 2010, p. 15.

16 Ferland F. *Et si on jouait ? Le jeu chez l'enfant de la naissance à 6 ans.* Montréal : Éditions de l'Hôpital Sainte-Justine, 2002.

17 Tisseron, S., *Op. cit.*

18 Duclos, G. « Former ou informer les enfants : l'importance d'une approche globale » in G. Duclos et D. Laporte, *Du côté des enfants.* Montréal : Éditions de l'Hôpital Sainte-Justine, 1995.

19 *Ibid.*

20 Tisseron, S., *Op. cit.*

21 *Ibid.*

22 Alliance pour l'enfant et la télévision. *Chère Télé … ou comment regarder la télévision en famille.* Ottawa : Santé Canada, 1995. Texte sur le web : www.media-awareness.ca/francais/ressources/parents_ressources/trousse_chere_tele.cfm

23 *Ibid.*

24 Brodeur, J. *Les jeux vidéo ont des effets néfastes sur les jeunes.* Texte sur le web : http://sisyphe.org/sisypheinfo/article.php3?id_article=106.

25 Régie du Cinéma et Gouvernement du Québec. *Mon enfant devant l'écran - Un guide éducatif et préventif de la Régie du Cinéma à l'usage des accompagnateurs des enfants de 8-12 ans.* 2009. Texte sur le web : www.rcq.gouv.qc.ca/Guide_mon-enfant_fr.pdf

26 Tisseron, S., *Op. cit.*

27 Blind, R., *Op. cit.*

28 Clerget, S., *Op. cit.*

Conclusion

« Vive la " civilisation de l'image " s'il s'agit d'images produites par notre propre imagination ! Mais méfions-nous de la " civilisation des images " lorsque ces images sont semblables à des produits surgelés, fabriqués par d'autres et reçus passivement. » Ainsi s'exprime Albert Jacquard dans la *Petite philosophie à l'usage de nos philosophes.*

Des lamentations sur les dangers de notre monde médiatique n'opéreront pas de transformations notables sur la qualité de ce qu'on offre à voir à nos enfants ; au contraire, notre indolence ouvre la porte aux émissions de piètre qualité. Nous devons tous devenir responsables et nous assurer que nos enfants soient exposés à des images positives et formatrices.

Certes, à la maison, certains regardent des émissions de qualité ; toutefois, en tant que consommateurs, nous pouvons aller plus loin et exprimer notre appui à une émission de qualité ou porter plainte auprès des responsables de la programmation jeunesse d'une chaîne de télévision ou au Conseil de la radiodiffusion et des télécommunications (CRTC). Ce dernier demande aux diffuseurs publics de respecter certaines règles en ce qui concerne le nombre d'heures consacrées aux émissions pour enfants, le pourcentage en contenu canadien et l'interdiction de diffuser de la publicité aux moins de

13 ans au Québec. Cependant, c'est aux diffuseurs que revient la gestion des contenus à caractère violent ou sexuel. En adoptant des règles d'éthique concernant la diffusion d'émissions aux heures d'écoute des enfants, ils faciliteraient sûrement la tâche éducative des parents et témoigneraient d'une société qui prend ses responsabilités envers l'enfant qui grandit avec la télévision. Le même exercice doit être fait concernant la sécurité dans le cyberespace (voir la section Ressources, en page 167).

Il fut un temps où les livres puis le cinéma étaient les ennemis de la bonne éducation : mauvaises influences sur la moralité des jeunes si influençables, disait-on. Et maintenant, nous faisons unanimement l'éloge des livres et reconnaissons le potentiel éducatif et de divertissement du cinéma. Choisissons des images qui sont le juste reflet de ce que nous sommes : des parents qui rêvent d'une progéniture réfléchie, créative, capable de refuser la consommation de violence, de pornographie, d'insignifiance ou d'irrespect.

Bibliographie

Académie canadienne de médecine du sport. *L'inactivité physique chez les enfants et les adolescents* – Énoncé de position. Avril 2004. Texte sur le web : www.casm-acms.org/forms/statements/french_inactivity_position.pdf

Alliance pour l'enfant et la télévision. *Chère Télé … ou comment regarder la télévision en famille.* Ottawa : Santé Canada, 1995. Texte sur le web : www.media-awareness.ca/francais/ressources/parents_ressources/trousse_chere_tele.cfm

Alvarez, F., E. Levy et M. Roy. *Pédiatrie et obésité : un conflit entre nature et culture.* Montréal : Éditions du CHU Sainte-Justine, 2010.

Antier, E. *L'agressivité.* Paris : Bayard, 2002.

Aubert, J.-L. *La violence dans les écoles.* Paris : Odile Jacob, 2001.

Bettleheim, B. *Psychanalyse des contes de fées.* Paris : Robert Laffont, 1976.

Bisaillon, M. et I. Maher. *Buffet à volonté sur le web : enquête sur les ravages du XXX chez nos jeunes.* Montréal : Éditions des Intouchables, 2009.

Blind, R. et M. Pool. *Les dangers de l'écran : enfants, famille, société et violence.* Genève : Éditions Jouvence, 2002.

BRODEUR, J. *Les jeux vidéo ont des effets néfastes sur les jeunes.* Texte sur le web : http://sisyphe.org/sisypheinfo/article.php3?id_article=106.

BRUNET, C. et A.-C. SARFATI. *Petits tracas et gros soucis de 1 à 7 ans.* Paris : Albin Michel, 2002.

CARON, A.H. et D. MEUNIER. *Famille et télévision : dynamique et processus de médiation.* Montréal : Groupe de recherche sur les jeunes et les médias - Université de Montréal. [Présentation du 25-26 septembre 1995]. Texte sur le web :
www.reseau-medias.ca/francais/ressources/documents_de_recherche/fam_tele_dynamique_table.cfm

CHARBONNIAUD, M. « Télévision, ordinateurs, jeux vidéo ». *Bien Grandir,* mars 2010. Texte sur le web :
www.biengrandir.org/html/documents/BGweb_mars2010_dossier.pdf

CHRISTAKIS D.A. et al. « Early television exposure and subsequent attentional problems in children ». *Pediatrics* 2004 113 (4) : 708-713.

CHRISTAKIS D.A. et F.J. ZIMMERMAN. *The Elephant in the Living Room : Make television work for your kids.* New York : Rodale Books, 2006.

CLERGET, S. *Ils n'ont d'yeux que pour elle : les enfants et la télé.* Paris : Fayard, 2002.

CLOUTIER, R. *Psychologie de l'enfant.* Boucherville : Gaëtan Morin, 1990.

COLLECTIF INTERASSOCIATIF ENFANCE ET MÉDIA (CIEM). *Impact de la télévision sur la santé et le développement psychomoteur de tout-petits.* 2008. Texte sur le web :
www.collectifciem.org/spip.php?article93

COMMISSION SCOLAIRE DE MONTRÉAL. *Campagne pour contrer la téléviolence*. Montréal : CSM, 2003. Texte sur le web : www.fcsq.qc.ca/Dossiers/ViolenceTV/_.../guide-primaire.doc

COOPER-ROYER, B. *Peur du loup, peur de tout : peurs, angoisses, phobies chez l'enfant et l'adolescent*. Paris : Albin Michel, 2003.

DESMARAIS, S. *Guide du langage de l'enfant de 0 à 6 ans*. Montréal : Éditions Quebecor, 2010.

DIORIO, G., G. FORTIN et al. *Croissance et développement, indices d'abus et de négligence chez l'enfant de la naissance à cinq ans*. Montréal : Hôpital Sainte-Justine, 1999.

DOLTO-TOLICH, C. *La télévision*. Paris : Gallimard jeunesse-Giboulées, 2001.

DUCLOS, G. « Former ou informer les enfants : l'importance d'une approche globale » in G. Duclos et D. Laporte, *Du côté des enfants*. Montréal : Éditions de l'Hôpital Sainte-Justine, 1995.

DUCLOS, G. *Les images mentales*. [Texte inédit].

DUMAS, J.E. *L'enfant violent : le connaître, l'aider, l'aimer*. Paris : Bayard, 2000.

DUMESNIL, F. *Questions de parents responsables*. Montréal : Éditions de l'Homme, 2004.

FERLAND F. *Et si on jouait ? Le jeu chez l'enfant de la naissance à 6 ans*. Montréal : Éditions de l'Hôpital Sainte-Justine, 2002.

FERLAND, F. *Raconte-moi une histoire.* Montréal : Éditions du CHU Sainte-Justine, 2008.

GAUTHIER, Y., G. FORTIN et G. JELIU. *L'attachement, un départ pour la vie.* Montréal : Éditions du CHU Sainte-Justine, 2009.

GROSSMAN, D. *Comment la télévision et les jeux vidéo apprennent aux enfants à tuer.* Genève : Éditions Jouvence, 2003.

HANCOX R.J., BJ. MILNE et R. POULTON. « Association of television viewing, during childhood with poor educational achievement ». *Archives of Pediatrics and Adolescent Medicine* 2005 159 (7) : 614-618.

HÔPITAL DE MONTRÉAL POUR ENFANTS (HME). *Les jeux vidéo, du plaisir à maîtriser.* Texte sur le web : www.thechildren.com/fr/nouvelles/nouvelles.aspx?id=130

JOHNSON J.G. et al. « Association between television viewing and sleep problems during adolescence and early adulthood ». *Archives of Pediatrics and Adolescent Medicine* 2004 158 (6) : 562-568.

JULIEN, G. *Aide-moi à te parler. La communication parent-enfant.* Montréal : Éditions de l'Hôpital Sainte-Justine, 2004.

JULIEN, G. *Vivre avec un enfant qui dérange.* Montréal : Bayard Canada, 2007.

LAFARGUE, G. « Les enfants de la télé ». *Cahiers Saint-Raphaël* mars 2003, n° 70. Texte sur le web : www.salve-regina.com/Famille/enfants_tele.htm

LANDY, S. *Pathways to Competence. Encouraging healthy social and emotional development in young children.* Baltimore : Paul H. Brookes Publishing, 2002.

MARTINEZ-GOMEZ D. et al. « Associations between sedentary behavior and blood pressure in young children ». *Archives of Pediatrics and Adolescent Medicine* 2009 163 (8) : 724-730.

MURPHY, T. *L'enfant en colère.* Montréal Éditions de l'Homme, 2002.

MYERS, D.G. *Psychologie.* Paris : Flammarion, 2004.

OFFICE DE LA PROTECTION DU CONSOMMATEUR. *Vos enfants et la pub.* Montréal : Office de la protection du consommateur, 2008. Texte sur le web : www.opc.gouv.qc.ca/webforms/SujetsConsommation/FinancesAssurances/PubliciteTrompeusePratiques/EnfantsPub.aspx

PAHLAVAN, F. *Les conduites agressives.* Paris : A. Colin, 2002.

RÉGIE DU CINÉMA ET GOUVERNEMENT DU QUÉBEC. *Mon enfant devant l'écran - Un guide éducatif et préventif de la Régie du Cinéma à l'usage des accompagnateurs des enfants de 8-12 ans.* Texte sur le web : www.rcq.gouv.qc.ca/Guide_mon-enfant_fr.pdf

RÉSEAU ÉDUCATION-MÉDIAS. *Impact de la pornographie sur les enfants et les adolescents.* 2009. Texte sur le web : www.bewebaware.ca/french/pornographie.html

RÉSEAU ÉDUCATION-MÉDIAS. *Influence des stéréotypes sur les jeunes.* Texte sur le web : www.media-awareness.ca/francais/enjeux/stereotypes/aborigenes/influence_jeunes.cfm

RÉSEAU ÉDUCATION-MÉDIAS. *Jeux vidéo.* Texte sur le web: www.education-medias.ca/francais/parents/jeux_video/index.cfm

ROBERT, J. *Le sexe en mal d'amour.* Montréal: Éditions de l'Homme, 2005.

ROYER, N. *Le monde du préscolaire.* Montréal: Gaëtan Morin Éditeur, 2004.

SABINA, C., J. WOLAK et D. FINKELHOR. « The nature and dynamics of Internet pornography exposure for youth ». *CyberPsychology and Behavior* 2008 11 (6): 691-693.

SOCIÉTÉ CANADIENNE DE PÉDIATRIE. « Les répercussions de l'usage des médias sur les enfants et les adolescents ». *Paediatric Child Health* 2003 8 (5): 311-317. Texte sur le web: www.ncbi.nlm.nih.gov/pmc/articles/PMC2792693/

TISSERON, S. *Manuel à l'intention des parents dont les enfants regardent trop la télévision.* Paris: Bayard, 2004.

TISSERON, S. *Les dangers de la télé pour les bébés – Non au formatage des cerveaux.* Toulouse: Éres, 2009.

TREMBLAY, R. *Prévenir la violence dès la petite enfance.* Paris: Odile Jacob, 2008.

VITARO, F. et G. GAGNON, G. *Prévention des problèmes d'adaptation chez les enfants et les adolescents. - Tome II. Les problèmes externalisés.* Sainte-Foy: Presses de l'Université du Québec, 2000.

WEBSTER-STRATTON, C. *Incredible Years: A trouble-shooting guide for parents of children aged 3-8.* Tubman: Umbrella Press Publication, 2000.

WOLAK, J., K. MITCHELL et D. FINKELHOR. « Unwanted and wanted exposure to online pornography in a national sample of youth Internet users ». *Pediatrics* 2007 119 (2) : 247-257.

Ressources

La télévision

Alliance pour l'enfant et la télévision
www.act-aet.tv

Conseil canadien des normes de la radiotélévision (CCNR)
Téléphone : 1 877 696-4718
www.cbsc.ca/francais

Conseil de la radiodiffusion et des télécommunications canadiennes (CRTC)
Téléphone : 1 877 249-2782
www.crtc.gc.ca/fra/accueil-home.htm

Coalition pour une télévision responsable
L'organisme a mis en place un service pour enregistrer des plaintes relatives à l'effet de la violence à la télévision sur les enfants
Téléphone : 1 900 451-3664

Normes canadiennes de la publicité
www.adstandards.com/fr

Réseau Éducation-Médias
www.media-awareness.ca/francais/index.cfm

Les jeux vidéo

Entertainment Software Rating Board (ESRB)
Site américain de classement et d'évaluation des jeux vidéo
www.esrb.org/ratings/ratings_guide.jsp

PédaGOJeux
Site français d'information et de sensibilisation sur le jeu vidéo
www.pedagojeux.fr.

Internet

Cyberaide
Service pancanadien de signalement d'enfants exploités sexuellement sur Internet
www.cyberaide.ca/fr

Cybercriminalité
Sûreté du Québec
www.sq.gouv.qc.ca/cybercriminalite/cybercriminalite-surete-du-quebec.jsp.

Sécurité sur Internet
Gendarmerie royale du Canada
www.rcmp-grc.gc.ca/is-si/index-fra.htm

Vigilance sur le net
Vidéotron
www.vigilancesurlenet.com/fr/accueil/index/php

WebAverti
Réseau Éducation Médias
www.bewebaware.ca/french

Suggestions de livres pour les enfants

DOLTO-TOLICH, C. *La télévision.* Paris : Gallimard jeunesse-Giboulées, 2001. (2 ans +)

DUPASQUIER, P. *Fini la télévision !* Paris : Gallimard Folio Benjamin. (3 ans +)

JENNINGS, S. *Benjamin et le jeu vidéo.* Markham (Ontario): Scholastic, 2003. (3 ans +)

LOUCHARD, A. *Télé Sucette!* Paris: Seuil Jeunesse. (4-5 ans +)

DE SAINT-MARS, D. *Max est fou de jeux vidéo.* Fribourg: Calligram, 2001. (Max et Lili) (6 ans +)

DE SAINT-MARS, D. *Lili veut son téléphone portable.* Fribourg: Calligram, 2010. (Max et Lili) (6 ans +)

JOLY, F., C. et D. MILLET. *Les Pâtacolors, j'adore!* Paris: Bayard, 2003. (6 ans +)

MORGENSTERN, S. *Oukélé la télé?* Paris : Gallimard Folio Cadet bleu. (7 ans +)

LEBLANC, L. *Sophie part en orbite.* Montréal: La Courte échelle, 2003. (Premier roman) (7 ans +)

COLOMBAIN, J. *Mon ordi, Internet… et moi!* Toulouse: Milan, 2007. (Les guides complices) (10 ans +)

Ouvrages parus dans la même collection

Accompagner son enfant prématuré
De la naissance à cinq ans
Sylvie Louis
ISBN 978-2-89619-085-0 2007/216 p.

Ados : mode d'emploi
Michel Delagrave
ISBN 2-89619-016-3 2005/176 p.

L'agressivité chez l'enfant de 0 à 5 ans
Sylvie Bourcier
ISBN 978-2-89619-125-3 2008/220 p.

Aide-moi à te parler !
La communication parent-enfant
Gilles Julien
ISBN 2-922770-96-6 2004/144 p.

Aider à prévenir le suicide chez les jeunes - 2e édition
Michèle Lambin
ISBN 978-2-89619-196-3 2010/346 p.

L'allaitement maternel – 2e édition
Comité pour la promotion de l'allaitement maternel de l'Hôpital Sainte-Justine
ISBN 2-922770-57-5 2002/104 p.

Apprivoiser l'hyperactivité et le déficit de l'attention – 2e édition
Colette Sauvé
ISBN 978-2-89619-095-9 2007/132 p.

L'asthme chez l'enfant
Pour une prise en charge efficace
Sous la direction de Denis Bérubé, Sylvie Laporte et Robert L. Thivierge
ISBN 2-89619-057-0 2006/168 p.

L'attachement, un départ pour la vie
Gloria Jeliu, Gilles Fortin et Yvon Gauthier
ISBN 978-289619-145-1 2009/132 p.

Au-delà de la déficience physique ou intellectuelle
Un enfant à découvrir
Francine Ferland
ISBN 2-922770-09-5 2001/232 p.

Au fil des jours... après l'accouchement
L'équipe de périnatalité de l'Hôpital Sainte-Justine
ISBN 2-922770-18-4 2001/96 p.

Au retour de l'école...
La place des parents dans l'apprentissage scolaire - 2e édition
Marie-Claude Béliveau
ISBN 2-922770-80-X 2004/280 p.

Comprendre et guider le jeune enfant
À la maison, à la garderie
Sylvie Bourcier
ISBN 2-922770-85-0 2004/168 p.

De la tétée à la cuillère
Bien nourrir mon enfant de 0 à 1 an
Linda Benabdesselam et autres
ISBN 2-922770-86-9 2004/144 p.

Le développement de l'enfant au quotidien
Du berceau à l'école primaire
Francine Ferland
ISBN 2- -002-3 2004/248 p.

Le diabète chez l'enfant et l'adolescent
Louis Geoffroy, Monique Gonthier et les autres membres de l'équipe de la Clinique du diabète de l'Hôpital Sainte-Justine
ISBN 2-922770-47-8 2003/368 p.

La discipline un jeu d'enfant
Brigitte Racine
ISBN 978-2-89619-119-2 2008/136 p.

Drogues et adolescence
Réponses aux questions des parents - 2e édition
Étienne Gaudet
ISBN 978-2-89619-180-2 2009/136 p.

Dyslexie et autres maux d'école
Quand et comment intervenir
Marie-Claude Béliveau
ISBN 978-2-89619-121-5 2007/296 p.

En forme après bébé
Exercices et conseils
Chantale Dumoulin
ISBN 2-921858-79-7 2000/128 p.

En forme en attendant bébé
Exercices et conseils
Chantale Dumoulin
ISBN 2-921858-97-5 2001/112 p.

Enfances blessées, sociétés appauvries
Drames d'enfants aux conséquences sérieuses
Gilles Julien
ISBN 2-89619-036-8 2005/256 p.

L'enfant adopté dans le monde (en quinze chapitres et demi)
Jean-François Chicoine, Patricia Germain et Johanne Lemieux
ISBN 2-922770-56-7 2003/480 p.

L'enfant malade
Répercussions et espoirs
Johanne Boivin, Sylvain Palardy et Geneviève Tellier
ISBN 2-921858-96-7 2000/96 p.

L'enfant victime d'agression sexuelle
Comprendre et aider
Frédérique Saint-Pierre et Marie-France Viau
ISBN 978-2-89619-237-3 2010/232 p.

Enfin je dors... et mes parents aussi
Evelyne Martello
ISBN 978-2-89619-082-9 2007/120 p.

L'épilepsie chez l'enfant et l'adolescent
Anne Lortie, Michel Vanasse et autres
ISBN 2-89619-070-8 2006/208 p.

L'estime de soi des adolescents
Germain Duclos, Danielle Laporte et Jacques Ross
ISBN 2-922770-42-7 2002/96 p.

L'estime de soi des 6-12 ans
Danielle Laporte et Lise Sévigny
ISBN 2-922770-44-3 2002/112 p.

L'estime de soi, un passeport pour la vie – 3e édition
Germain Duclos
ISBN 978-2-89619-254-0 2010/248 p.

Et si on jouait?
Le jeu durant l'enfance et pour toute la vie - 2e édition
Francine Ferland
ISBN 2-89619-035-X 2005/212 p.

Être parent, une affaire de cœur – 2e édition
Danielle Laporte
ISBN 2-89619-021-X 2005/280 p.

Famille, qu'apportes-tu à l'enfant ?
Michel Lemay
ISBN 2-922770-11-7 2001/216 p.

La famille recomposée
Une famille composée sur un air différent
Marie-Christine Saint-Jacques et Claudine Parent
ISBN 2-922770-33-8 2002/144 p.

Favoriser l'estime de soi des 0-6 ans
Danielle Laporte
ISBN 2-922770-43-5 2002/112 p.

Le grand monde des petits de 0 à 5 ans
Sylvie Bourcier
ISBN 2-89619-063-5 2006/168 p.

Grands-parents aujourd'hui
Plaisirs et pièges
Francine Ferland
ISBN 2-922770-60-5 2003/152 p.

Guide Info-Famille
Organismes-Livres-Sites Internet-dvd
Centre d'information du CHU Sainte-Justine
ISBN 978-2-89619-137-6 2008/600 p.

Guider mon enfant dans sa vie scolaire – 2e édition
Germain Duclos
ISBN 2-89619-062-7 2006/280 p.

Guide pour parents inquiets – 2e édition
Aimer sans se culpabiliser
Michel Maziade
ISBN 978-2-89619-255-7 2010/196 p.

L'hydrocéphalie : grandir et vivre avec une dérivation
Nathalie Boëls
ISBN 2-89619-051-1 2006/112 p.

J'ai mal à l'école
Troubles affectifs et difficultés scolaires
Marie-Claude Béliveau
ISBN 2-922770-46-X 2002/168 p.

Jouer à bien manger
Nourrir mon enfant de 1 à 2 ans
Danielle Regimbald, Linda Benabdesselam, Stéphanie Benoît et Micheline Poliquin
ISBN 2-89619-054-6 2006/160 p.

Jumeaux : mission possible
Gisèle Séguin
ISBN 978-2-89619-156-7 2009/288 p.

Les maladies neuromusculaires chez l'enfant et l'adolescent
Sous la direction de Michel Vanasse, Hélène Paré, Yves Brousseau et Sylvie D'Arcy
ISBN 2-922770-88-5 2004/376 p.

Mon cerveau ne m'écoute pas
Comprendre et aider l'enfant dyspraxique
Sylvie Breton et France Léger
ISBN 978-2-89619-081-2 2007/192 p.

La motivation à l'école, un passeport pour l'avenir
Germain Duclos
ISBN 978-2-89619-235-9 2010/160 p.

Musique, musicothérapie et développement de l'enfant
Guylaine Vaillancourt
ISBN 2-89619-031-7 2005/184 p.

Le nanisme
Se faire une place au soleil dans un monde de grands
Nathalie Boëls
ISBN 978-2-89619-138-3 2008/184 p.

Parents d'ados
De la tolérance nécessaire à la nécessité d'intervenir
Céline Boisvert
ISBN 2-922770-69-9 2003/216 p.

Les parents se séparent...
Pour mieux vivre la crise et aider son enfant
Richard Cloutier, Lorraine Filion et Harry Timmermans
ISBN 2-922770-12-5 2001/164 p.

Pour parents débordés et en manque d'énergie
Francine Ferland
ISBN 2-89619-051-1 2006/136 p.

Prévenir l'obésité chez l'enfant
Une question d'équilibre
Renée Cyr
ISBN 978-289619-147-5 2009/144 p.

Raconte-moi une histoire
Pourquoi ? Laquelle ? Comment ?
Francine Ferland
ISBN 2-89619-116-1 2008/168 p.

Responsabiliser son enfant
Germain Duclos et Martin Duclos
ISBN 2-89619-00-3 2005/200 p.

Santé mentale et psychiatrie pour enfants
Des professionnels se présentent
Bernadette Côté et autres
ISBN 2-89619-022-8 2005/128 p.

La scoliose
Se préparer à la chirurgie
Julie Joncas et collaborateurs
ISBN 2-921858-85-1 2000/96 p.

Le séjour de mon enfant à l'hôpital
Isabelle Amyot, Anne-Claude Bernard-Bonnin, Isabelle Papineau
ISBN 2-922770-84-2 2004/120 p.

La sexualité de l'enfant expliquée aux parents
Frédérique Saint-Pierre et Marie-France Viau
ISBN 2-89619-069-4 2006/208 p.

Tempête dans la famille
Les enfants et la violence conjugale
Isabelle Côté, Louis-François Dallaire et Jean-François Vézina
ISBN 2-89619-008-2 2004/144 p.

Le trouble de déficit de l'attention
avec ou sans hyperactivité
Stacey Bélanger, Michel Vanasse et coll.
ISBN 978-2-89619-136-9 2008/240 p.

Les troubles anxieux expliqués aux parents
Chantal Baron
ISBN 2-922770-25-7 2001/88 p.

Les troubles d'apprentissage :
comprendre et intervenir
Denise Destrempes-Marquez et Louise Lafleur
ISBN 2-921858-66-5 1999/128 p.

Votre enfant et les médicaments :
informations et conseils
Catherine Dehaut, Annie Lavoie, Denis Lebel, Hélène Roy et Roxane Therrien
ISBN 2-89619-017-1 2005/332 p.

Transcontinental

Imprimé au Canada par
Transcontinental Gagné